分析化学实验

罗　蒨　郑燕英　主编

U0425738

中国林业出版社

内容简介

本教材共分为6个章节：第一章和第二章为分析化学实验课要求和基础知识、分析仪器和基本操作两个理论性章节；第三章为衔接性训练章节，定量分析化学基本操作练习；第四章为化学定量分析实践部分，即为了配合分析化学课程的化学分析部分设置的滴定分析（容量分析）实验；第五章为仪器分析实验部分，以定量分析为主，主要服务于由化学分析向仪器分析过渡；第六章则为以全面提升训练为目的的综合实验及自行设计实验。本教材创新性增加了任务专题部分，有利于学生将实验任务分解，使实验任务更加简单明了；增加了实验PPT课件，方便教师的讲授、引导以及学生课前预习、课后巩固。

图书在版编目（CIP）数据

分析化学实验/ 罗蒨，郑燕英主编．—北京：中国林业出版社，2019.1(2023.2重印)

ISBN 978-7-5038-9928-7

Ⅰ.①分… Ⅱ.①罗… ②郑… Ⅲ.①分析化学-化学实验-高等学校-教材 Ⅳ.①O652.1

中国版本图书馆CIP数据核字（2018）第292360号

中国林业出版社·教育分社

策划、责任编辑：高红岩

电　话：（010）83143554　　**传　真**：（010）83143516

出版发行　中国林业出版社（100009　北京市西城区德内大街刘海胡同7号）
E-mail：jiaocaipublic@163.com　电话：（010）83143500
http：//lycb.forestry.gov.cn

经　销　新华书店
印　刷　三河市祥达印刷包装有限公司
版　次　2019年1月第1版
印　次　2023年2月第3次印刷
开　本　787mm×1092mm　1/16
印　张　10.75
字　数　300千字
定　价　28.00元

未经许可，不得以任何方式复制或抄袭本书之部分或全部内容。

版权所有　侵权必究

《分析化学实验》编写人员

主　编　罗　蒨　郑燕英

副主编　王天喜　朱　洪　赵文婷　郝海玲

编　者　（按拼音排序）

郝海玲　李云乐　罗　蒨

苗芳芳　王建立　王天喜

赵文婷　郑燕英　朱　洪

主　审　苑嗣纯

前　言

分析化学是一门实践性很强的学科，通常包括化学分析和仪器分析两部分。化学分析主要讲授通过滴定进行定量分析的原理及方法；仪器分析部分主要讲授各种仪器分析的原理、仪器、方法，并最终服务于定量、定性、定结构目的。化学分析实验是通过实验课程的教学、实验技能的训练使化学分析的理论知识转化为实际应用能力，是定量分析的基础，对学生的能力、素质的培养十分重要。

仪器分析是分析化学中发展速度最快、应用范围最广的部分。许多分析工作对准确度、灵敏度、选择性诸方面提出了极高的要求。通过仪器分析实验的教学，使学生能够进一步理解光学、电化学、色谱等分析方法的原理、方法特点、应用范围，掌握实验仪器的使用、实验技术及实验结果分析，达到实验教学的目的，为培养学生实践能力提供了一个平台。

随着社会的发展和教育的普及，学习者对教学材料也不断提出新的期望和要求。教育者则应根据现实要求和教育需求而进行适当的调整，以求达到更好的教学质量。

为了更好地贯彻教学大纲，满足教学需求，我们编写了《分析化学实验》。目的是指导学生掌握分析化学实验课程的基本实验技能，培养学生分析问题、解决问题的能力，同时强调学生的自学能力，启迪学生的思维方法，通过实验使学生加深对分析化学基本理论的理解，比较熟练地掌握分析化学的基本操作技能，为后继课程的学习打好一定的基础。

MOOCs 教学是顺应当前人们任务化、专题化学习，将大的教学内容碎片化为专题，从而使学习者能够利用碎片时间，通过专题学习及专题关联，完成学习过程。本实验教材广泛学习了各《分析化学实验》教材的长处，并吸取 MOOCs 课程任务清晰的优点，将实验任务碎片化，整个实验任务分解成几个小的专题，通过专题衔接，形成完整的实验。本实验教材从学习者的角度出发，通过明确提出实验任务专题，使学习者能够非常明确地知道，在一个实验学习过程中需要完成哪些任务，并通过从传统实验步骤中理解实验流程，从而更顺利地完成实验；同时，通过多媒体的 PPT 课件的制作和问题讲解，为学习者提供了充足的背景知识和实验逻辑，使学习者能够将任务专题连接成为整体，同时也使学习者能够将理论所学与实践紧密相连，不仅有利于实验预习，同时为实验的顺利进行及安全执行提供了保障，更实现了理论学习和实践过程的无缝结合。

本教材还对数据表格以及处理部分进行合理设计，方便学生的使用和归纳学习，从而培养学生严谨的科学态度和数据记录、处理习惯。

总之，无论对学习者还是教育者，此《分析化学实验》教材都将提供一种与时俱进的学习理念，同时也为读者提供了重要的参考和方便。

全书由罗蒨、郑燕英、朱洪、赵文婷、王天喜、郝海玲、王建立、李云乐、苗芳芳编写，由主编罗蒨、郑燕英统稿。其中第一章、第二章由罗蒨编写，第三章由郑燕英、罗蒨编写，第四章由罗蒨、王天喜、赵文婷、朱洪、郝海玲编写，第五章由郝海玲、赵文婷、王建立、朱洪、郑燕英编写，第六章由郑燕英、罗蒨、王天喜、郝海玲编写，附录一由李云乐、苗芳芳编写，附录二由罗蒨编写。

苑嗣纯老师作为主审，对本书稿提出了许多宝贵的修改意见。中国林业出版社有关同志为该书的出版付出辛勤劳动，表示感谢。

由于编者的水平及经验有限，虽然做了最大努力，但难免出现错误，书中的错漏、疏忽之处恳请读者批评指正。

编 者

2018 年 10 月

目　录

第一章　分析化学实验的要求及基础知识

第一节　分析化学实验的基本要求

分析化学是化学的重要分支学科之一。分析化学实验课程是高等农林院校有关专业的重要基础课，具有很强的实践性。

为了达到实验目的，要求学生做到：实验前认真预习，领会实验原理，了解实验步骤和注意事项，做到心中有数。实验前做好预习，列好表格，查好有关数据，以便实验时及时、准确地记录和进行数据处理。实验时要严格按照规范操作进行，仔细观察实验现象，并及时记录。要善于思考，学会运用所学理论知识解释实验现象，研究实验中的问题。要保持实验台和整个实验室的整洁。

第二节　实验数据的记录和实验报告

一、实验数据的记录

学生应有专门的、预先编有页码的实验记录本，不得撕去任何一页。不允许将数据记在单页纸或小纸片上，或记在书上、手掌上等。实验过程中的各种测量数据及有关现象，应及时、准确而清楚地记录下来。记录实验数据时，要有严谨的科学态度，要实事求是，切忌夹杂主观因素，决不能随意拼凑和伪造数据。

实验过程中涉及的各种特殊仪器的型号和标准溶液浓度等也应及时准确记录下来。

记录实验过程中的测量数据时，应注意其有效数字的位数。用分析天平称重时，要求记录至 0.0001 g；滴定管及吸量管的读数，应记录至 0.01 mL；用分光光度计测量溶液的吸光度时，如吸光度在 0.6 以下，应记录至 0.001 的读数，大于 0.6 时，则要求记录至 0.01 读数。

实验记录上的每一个数据，都是测量结果，所以，重复测定时，即使数据完全相同，也应记录下来。

进行记录时，对文字记录应整齐清洁；对数据记录应用一定的表格形式，以便更为清楚明白。

在实验过程中，如发现数据算错、测定错或读错时，需要改动，可将该数据用一横线划去并在其上方写上正确的数字。

二、实验报告

实验完毕，根据预习和实验中的现象及数据记录等，及时、认真地写出实验报告。分析化学实验报告一般包括以下内容：

实验(编号)　实验名称

一、实验目的

二、实验原理　简要地用文字和化学反应式说明。例如对于滴定分析，通常应有标定和滴定反应方程式、基准物质和指示剂的选择、标定和滴定的计算公式等。对特殊仪器的实验装置，应画出实验装置图。

三、实验仪器和试剂　列出实验中所要使用的主要试剂和仪器。

四、实验步骤　应简明扼要地写出实验步骤、流程。

五、实验数据及处理　应用文字、表格、图形将数据表示出来。根据实验要求及计算公式计算出分析结果并进行有关数据和误差处理，尽可能地使记录表格化。

六、误差分析及问题讨论　对实验中的现象、产生的误差等进行讨论和分析，尽可能地结合分析化学中有关理论，以提高自己的分析问题、解决问题的能力，也为以后的科学研究论文的撰写打下一定的基础。

第三节　学生实验成绩的评定

学生实验成绩的评定应包括以下几项内容：①预习与否及实验态度；② 实验操作技能；③实验报告的撰写是否认真和符合要求，实验结果的精密度、准确度和有效数字的表达等；④实验结果分析。

学生通过分析化学实验课程的学习，加深对分析化学基础理论、基本知识的理解，正确和较熟练地掌握分析化学实验技能和基本操作，提高观察、分析和解决问题的能力，培养学生严谨的工作作风和实事求是的科学态度，树立严格的"量"的概念，为学习后继课程和未来的科学研究及实际工作打下良好的基础。

第四节　化学试剂规格

化学试剂产品很多，有无机试剂和有机试剂两大类，又可按用途分为标准试剂、一般试剂、高纯试剂、特效试剂、仪器分析专用试剂、指示剂、生化试剂、临床试剂、电子工业或食品工业专用试剂等。世界各国对化学试剂产品有国家标准(GB)和专业标准(行业，ZB)及企业标准(QB)等。国际标准化组织(ISO)和国际纯粹与应用化学联合会(IUPAC)也都有很多相应的标准和规定。例如，IUPAC 对化学标准物质的分级有：A 级、B 级、C 级、D 级和 E 级。A 级为原子量标准，B 级为与 A 级最接近的基准物质，C 级和 D 级为滴定分析标准试剂，含量分别为$(100\pm0.02)\%$和$(100\pm0.05)\%$，而 E 级为以 C 级或 D 级试剂为标准进行对比测定所得的纯度或相当于这种纯度的试剂。

我国的主要国产标准试剂和一般试剂的等级及用途见表 1-1。

表 1-1　主要国产化学试剂的级别与用途

标准试剂类别(级别)	主要用途	相当于 IUPAC 的级别
容量分析第一基准	容量分析工作基准试剂的定值	C
容量分析工作基准	容量分析标准溶液的定值	D
容量分析标准溶液	容量分析测定物质的含量	E
杂质分析标准溶液	仪器及化学分析中用作杂质分析的标准	
一级 pH 基准试剂	pH 基准试剂的定值和精密 pH 计的校准	C
pH 基准试剂	pH 计的定位(校准)	D
有机元素分析标准	有机物的元素分析	E
热值分析标准	热值分析仪的标定	
农药分析标准	农药分析的标准	
临床分析标准	临床分析化验标准	
气相色谱分析标准	气相色谱法进行定性和定量分析的标准	

一般试剂级别	中文名称	英文符号	标签颜色	主要用途
一级	优级纯(保证试剂)	GR	深绿色	精密分析实验
二级	分析纯(分析试剂)	AR	红色	一般分析实验
三级	化学纯	CP	蓝色	一般化学实验
生化试剂	生化试剂 生物染色剂	BR	咖啡色	生物化学实验

化学试剂中，指示剂纯度往往不太明确。除少数标明“分析纯”“试剂四级”外，经常遇到只写明“化学试剂”“企业标准”或“生物染色剂”等。常用的有机溶剂、掩蔽剂等也经常见到级别不明的情况，平常只可作为“化学纯”试剂使用，必要时可进行提纯。例如，三乙醇胺中铁含量较大，而又常用来掩蔽铁，因此使用该试剂时，必须注意。

生物化学中使用的特殊试剂，其纯度表示和化学中一般试剂表示也不相同。例如，蛋白质类试剂，经常以含量表示，或以某种方法(如电泳法等)测定杂质含量来表示。再如，酶是以每单位时间能酶解多少物质来表示其纯度，也就是说，它是以其活力来表示的。

此外，还有一些特殊用途的所谓高纯试剂。例如，“色谱纯”试剂，是在最高灵敏度下以 10^{-10}g 下无杂质峰来表示的；“光谱纯”试剂，是以光谱分析时出现的干扰谱线的数目强度大小来衡量的，往往含有该试剂各种氧化物，它不能认为是化学分析的基准试剂，这一点须特别注意；“放射化学纯”试剂，是以放射性测定时出现干扰的核辐射强度来衡量的；“MOS”级试剂，是“金属-氧化物-半导体”试剂的简称，是电子工业专用的化学试剂，等等。

在一般分析工作中，通常要求使用AR级的分析纯试剂。

常用化学试剂的检验，除经典的湿法化学方法之外，已越来越多地使用物理化学方法和物理方法，如原子吸收光谱法、发射光谱法、电化学方法、紫外、红外和核磁共振分析法以及色谱法等。高纯试剂的检验，无疑地只能选用比较灵敏的痕量分析方法。

分析工作者必须对化学试剂标准有一个明确的认识，做到科学地存放和合理地使用化学试剂，既不超规格造成浪费，又不随意降低规格而影响分析结果的准确度。

第五节　实验安全知识

在分析化学实验中，经常使用腐蚀性的、易燃、易爆炸的或有毒的化学试剂，大量使用易损的玻璃仪器和某些精密分析仪器及煤气、水、电等。为确保实验的正常进行和人身安全，必须严格遵守实验室的安全规则。

(1)实验室内严禁饮食、吸烟，一切化学药品禁止入口。实验完毕后须洗手。水、电、气使用完毕后，应立即关闭。离开实验室时，应仔细检查水、电、煤气、门、窗是否均已关好。

(2)使用煤气灯时，应先将空气孔调小，再点燃火柴，然后一边打开煤气开关，一边点火。不允许先开煤气灯，再点燃火柴。点燃煤气灯后，调节好火焰。用后立即关闭。

(3)使用电器设备时，应特别细心，切不可用湿润的手去开启电闸和电器开关。凡是漏电的仪器不要使用，以免触电。

(4)浓酸、浓碱具有强烈的腐蚀性，切勿溅在皮肤和衣服上。使用浓 HNO_3、HCl、H_2SO_4、$HClO_4$、氨水时，均应在通风橱中操作，绝不允许在实验室加热。夏天，打开浓氨水瓶盖之前，应先将氨水瓶放在自来水下充水冷却后，再行开启。如不小心将酸或碱溅到皮肤或眼内，应立即用水冲洗，然后用 $50\ g\cdot L^{-1}$ 碳酸氢钠溶液(酸腐蚀时采用)或 $50\ g\cdot L^{-1}$ 硼酸溶液(碱腐蚀时采用)冲洗，最后用水冲洗。

(5)使用四氯化碳、乙醚、苯、丙酮、三氯甲烷等有机溶剂时，一定要远离火焰和热源。使用完后将试剂瓶塞严，放在阴凉处保存。低沸点的有机溶剂不能直接在火焰上或热源(煤气灯或电炉)上加热，而应在水浴上加热。

(6)热、浓的 $HClO_4$ 遇有机物常易发生爆炸。如果试样为有机物，应先用浓 HNO_3 加热，使之与有机物发生反应，有机物被破坏后，再加入 $HClO_4$。蒸发 $HClO_4$ 所产生的烟雾易在通风橱中凝聚，如经常使用 $HClO_4$ 的通风橱应定期用水冲洗，以免 $HClO_4$ 的凝聚物与尘埃、有机物作用，引起燃烧或爆炸，造成事故。

(7)汞盐、砷化物、氰化物等剧毒物品使用时应特别小心。氰化物不能接触酸，因作用时产生剧毒的氢氰酸。氰化物废液应倒入碱性亚铁盐溶液中，使其转化为亚铁氰化铁盐，然后做废液处理，严禁直接倒入下水道或废液缸中。硫化氢气体有毒，涉及有关硫化氢气体的操作时，一定要在通风橱中进行。

(8)如发生烫伤，可在烫伤处抹上黄色的苦味酸溶液或烫伤软膏。严重者应立即送医院治疗。实验室如发生火灾，应根据起火的原因进行针对性灭火。酒精及其他可溶于水的液体着火时，可用水灭火；汽油、乙醚等有机溶剂着火时，用砂土扑灭，此时绝对不能用水，否则反而扩大燃烧面；导线或电器着火时，不能用水及二氧化碳灭火器，而应首先切断电源，用四氯化碳灭火器灭火，并根据火情决定是否要向消防部门报告。

(9)实验室应保持室内整齐、干净。不能将毛刷、抹布扔在水槽中；禁止将固体物、玻璃碎片等扔入水槽内，以免造成下水道堵塞。此类物质以及废纸、废屑应放入废纸箱或实验室规定存放的地方。废酸、废碱应小心倒入废液缸，切勿倒入水槽内，以免腐蚀下水管。

第二章　分析仪器及其基本操作

第一节　分析天平及其基本操作

一、分析天平的分类

根据分析天平的结构特点，分析天平可分为等臂(双盘)分析天平、不等臂(单盘)分析天平和电子天平。它们的载荷一般为100~200 g。有时又根据分度值的大小，分为常量分析天平(0.1 g·分度$^{-1}$)、微量分析天平(0.1 mg·分度$^{-1}$)。

常用分析天平的规格、型号见表2-1。这里重点介绍等臂(双盘)半机械加码电光天平和电子分析天平。

表2-1　常用分析天平的规格型号

种类	型号	名称	规格
双盘天平	TG328A	全机械加码电光天平	200 g/0.1 mg
	TG328B	半机械加码电光天平	200 g/0.1 mg
单盘天平	TG322A	微量天平	20 g/0.01 mg
	DT-100	单盘电光天平	160 g/0.1 mg
电子天平	AL204	梅特勒-托利电子天平	210 g/0.1 mg
	AB-N	电子天平	200 g/0.1 mg
	PB-N	电子天平	200~4000 g/0.1~1 mg
	ML204	电子天平	220 g/0.1 mg

注：表格中单盘天平为不等臂横梁、光学投影显示、机械式单盘天平。

二、分析天平的使用

(一)单盘分析天平

1. 称量原理

由于单盘天平的横梁只有两个刀口：一个支点刀和一个承重刀，内含砝码与被称物在同一个悬挂系统中，这个悬挂系统作用在承重刀上。

开动天平后，横梁稳定地平衡在某一位置。当悬挂系统的称盘上放置被称物时，悬挂系统由于增加质量而下沉，为了保持横梁原有的平衡位置，必须在悬挂系统中减掉一定数量的内含砝码直到横梁回复到原有的平衡位置，即用放置在称盘上的被称物替代悬挂系统中的内含砝码，使横梁保持原有的位置，那么所减去的砝码质量与被称量物的质量相等。原理示意图见图 2-1。

2. 单盘天平结构

单盘分析天平(DT-100A)的结构见图 2-2~图 2-5。

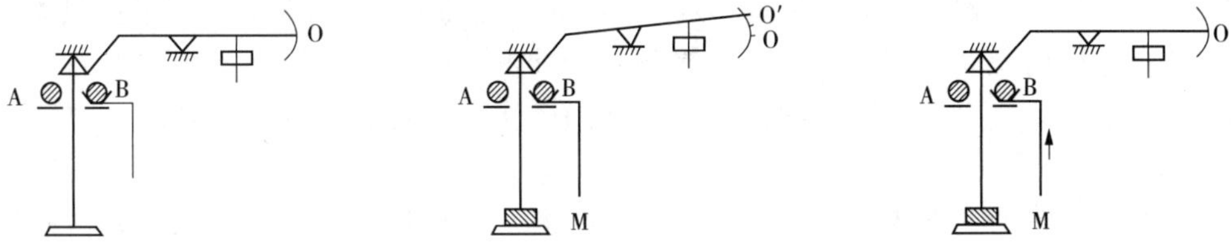

1. 砝码在悬挂系统上横梁平衡在O　2. 被称物在悬挂系统上横梁平衡在O′　3. 减掉砝码B后横梁又平衡在O

图 2-1　被称物与砝码间的关系

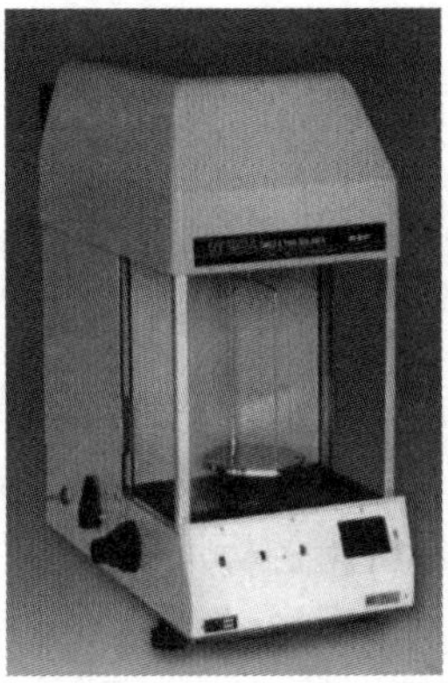

图 2-2　单盘分析天平正面视图

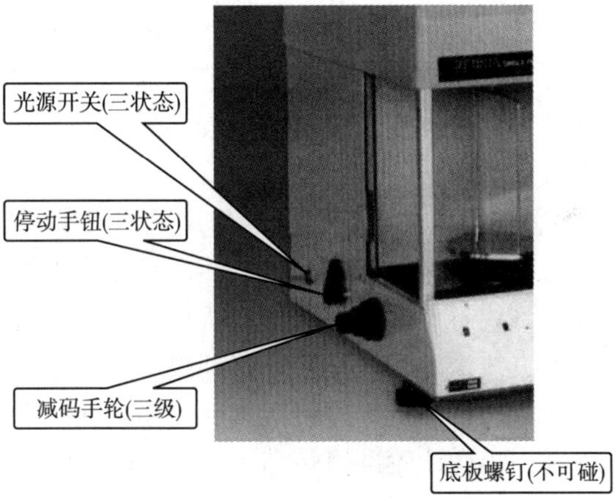

图 2-3　单盘天平左侧工作钮

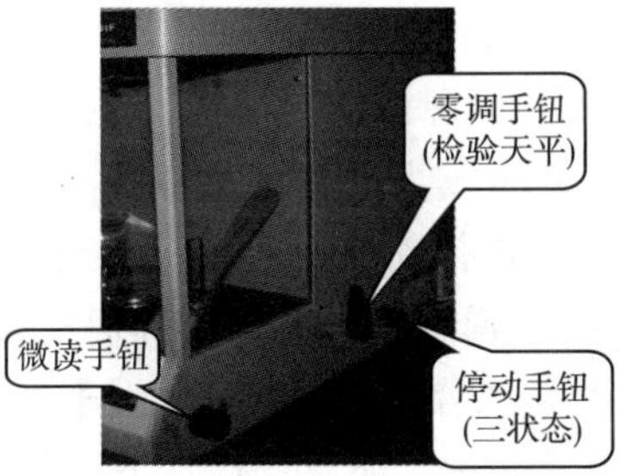

图 2-4　单盘天平右侧工作钮

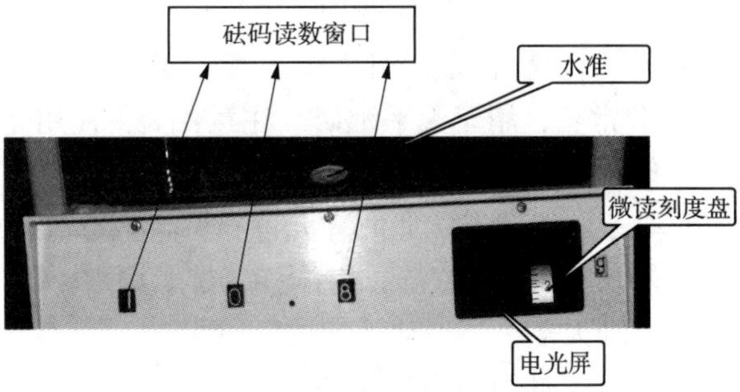

图 2-5　单盘天平读数盘面

3. 单盘分析天平使用说明

(1)结构特点：具有“半开”机构及去皮校正片。

①停动机构的特点是具有“半开”机构。

停动手钮背向操作者方向转动 30°，注意操作时不可用力过大，以免破坏半开位置。此时的起升轴下降一小段距离，使横梁支点刀与支点刀承接触，这时横梁可在一个很小范围内摆，称为“半开”。

在“半开”状态下，横梁可摆10~15个分度。这时转动减码手轮进行减码操作，通过横梁的摇摆方向可以很快判断合适的减码数字，缩短了减码操作时间，不必关天平去减码，反复操作，省掉几次关两面三刀平的时间，提高了称量效率。由于横梁只能在一个很小的范围内摆动，不会由于减码操作时的冲击、振荡而损坏横梁的支点刀和承重刀。但毕竟刀子、刀承是接触的，所以在减码操作，尤其是转动大手轮时，应做到缓慢、均匀。

②悬挂系统的上方装有校正片，每片重约1g。其原理是应用替代法，以器皿的质量替代校正片质量。当称量的物体是液体或其他需要装在器皿中称量时，可先将容器称重，如果重约8 g，可相应减掉一定量的校正片8片，基本上等于容器质量。然后重调天平零点，达到初始指示(标尺刻线“00”偏离投影屏夹线在1分度以内)。

当保证在称量前各数字窗口：减码数字窗口、微读数字窗口在“0”位，一切称量样品前的准备工作(后续)做好后，直接称量所得到的质量，即容器内被称物的质量。

注意：此种去皮只限于质量较小的容器，并且该容器已作为大量称重的专用工具时才考虑去皮。

(2)微读机构：微读部分的作用是当天平开启，横梁停稳后，标尺投影刻线不在夹线正中时，通过微读机构调整，使离投影屏夹线较近的下一条刻线上移到夹线正中，显示出标尺刻线不足1个分度部分所代表的质量值。转动微读手钮前读数。转动微读手钮后，将离夹线最近的标尺刻线移到投影屏正中，当转动微读手钮时，精密的阿基米德螺线微读轮通过杠杆机构可使微读反射镜旋转一定角度，投影屏上的标尺刻线相对投影屏向上移动。当微读轮准确转动10个刻度，即由0转到10时，标尺对于投影屏夹线准确移动了1个分度，标尺1分度相当于1 mg，微读轮10个刻度也是1 mg，则微读轮1个刻度间隔就表示0.1 mg。精密的微读机构是单盘天平不同于双盘天平的又一结构。

下面介绍控制手钮的使用说明：

• 电源转换开关：“上”接通微动开关，天平处于使用状态；“中”电源不接通；“下”灯源常亮，用于天平维修。注意：天平使用完毕应拔下电源插头。

• 停动手钮：停动手钮的作用是控制天平的开启与关闭。当手钮的“尖端”向上，天平正处于关闭状态。此时才允许在称盘上取放试样，并允许操作减码手轮进行减码。

当停动手钮的“尖端”向前旋转90°，即“尖端”指向操作者时，天平处于开启状态，也称为全开天平。当停动手钮的“尖端”向后旋转30°，即背离操作者30°时，天平处于“半开”状态，此时可以预称试样的质量，并可以操作减码手轮。注意：操作各个控制手钮应均匀缓慢。

(3)减码手轮：旋转减码手轮减去相当于试样质量的砝码，从而进行计量。向前旋转手轮，读数窗口顺序出现0~9数字。

大手轮控制减去10~90 g砝码；中手轮控制减去1~9 g砝码；小手轮控制减去0.1~0.9 g砝码。

注意：天平停动手钮处于全开位置时，不允许操作减码手轮。

(4) 微读手钮：是用来读取不足 1 个分度所表示的质量值。通过旋转微读手钮，使标尺刻线最近的下一条刻线上移到投影屏夹线中央。

(5) 零调手钮：是用来微调标尺投影零线到投影屏夹线的中央位置，其调整范围为 ±3 mg。

注意：零调手钮仅限于称量前调零。在称样读数过程中不允许再动零调手钮，否则会破坏读数精度。天平的调零就是指上述过程。

(6) 称量前准备：

①检查三眼插头是否接上交流电源。

②检查电源开关是否位于扳把向"上"。

③检查天平水平：观察圆形水准器内的气泡是否位于圆圈中心，否则调底板下前方的两个调整脚，直到底板水平(水准器内的气泡位于圆圈的中心)。

④检查各数字窗口都显示"0"位，如不为"0"，转动减码三组手轮使读数面板上 3 个数字窗口显示"0"位；并转动微读手针使微读轮上"0"刻线对准投影屏指标线。

⑤开启天平校正天平零点：可旋转调零手钮，使标尺上"00"刻线位于投影屏夹线正中。

⑥放置被称量物质：关闭天平可以放置被称试样，被称物应放在称盘中间。如果被称物放在密闭的试管内，称量时应放在称盘的 V 形槽内，以保证相互位置。

4. 称量步骤(试样质量未知)

按下列方法操作及读取数字：

(1) 当天平处于关闭状态下，轻缓拉开天平侧面，放置被称物于称盘中心，关上侧门。

(2) 将停动手钮转到"半开"位置。

(3) 首先转到 10~90 g 大减码手轮，当转到 50 g 时，即读数面板第一个数字窗口显示"5"。观察投影屏标尺往上移动，说明试样质量小于 50 g，而大于 40 g，判断介于 40~50 之间。反转减码手轮到 40 g 位置，则第一个数字窗口显示"4"。

(4) 再转动 1~9 g 减码手轮，当转到 9 g 时，标尺往上移动，说明试样质量小于 9 g，反转中手轮到 8 g 位置，第二个数字窗口显示"8"。

(5) 最后转动 0.1~0.9 g 减码小手轮，当转到 0.5 g 时，观察标尺绿线往上移动，此时反转小手轮到 0.4 g 位置，第三个数字窗口显示"4"。

(6) 精称：

①待称盘停稳后全开天平：为保证读数准确，在全开天平时，可将停动手钮反复开关两次，使天平处在重复性好的开启状态下读取数据。

② 调节为微读手钮：旋转微读手钮使投影屏夹线中央最近的一条刻线移到投影屏夹线的中央。

③读数：估读投影屏上固定基线指示的微读轮的对应值，得到数值是 48.423 15 g。

④转停动手钮到关闭位置。

⑤打开侧门取出被称物，关上侧门。

⑥复位：将减码数字窗口、微读数字窗口全部回复“0”位。

5. 称量步骤(试样质量已知)

对于已知物体质量值，如何准确称到物体。例如，要想得到被称量物质的量为23. 842 35g，具体操作：

(1)首先将停动手钮处于“关闭”位置。

(2)转动三组减码手轮：转动后第一个数字窗口显示“2”，第二个数字窗口显示“3”，第三个数字窗口显示“8”。

(3)轻缓打开天平侧门，放置被称物于称盘上，关闭侧门。

(4)转动停动手钮到“半开”位置，观察投影屏的摆动方向。

①全开天平：标尺刻线与投影屏夹线中央对准使其数字显示介于42~43之间。

②调节微读手轮：转动微读手轮使投影屏指标线对应微读手轮数字，即指示3~4之间短线(此时，标尺刻线42应与投影屏夹线中央对正)。

上述称量过程中的①和②步可反复操作，使其最终称量值是23. 842 35 g。

(5)转动停动手钮，关闭天平。

(6)取出被称物。

(7)将各数字窗口回复“0”位。

(二)电子天平

电子天平的精度有相对精度分度值与绝对精度分度值之分，而绝对精度分度值达到0. 1 mg的就称为万分之一天平。

1. 称量原理

万分之一天平一般采用应变式传感器、电容式传感器、电磁平衡式传感器。采用应变式传感器的电子天平结构简单、造价低，但精度有限，目前不能做到很高精度；采用电容式传感器的电子天平称量速度快，性价比较高，但也不能达到很高精度；采用电磁平衡传感器的电子天平，称量准确可靠、显示快速清晰，具有自动检测系统、简便的自动校准装置以及超载保护等装置。

2. 电子天平结构

万分之一电子天平(AL204)结构见图2-6，一般电子天平结构见图2-7、图2-8。

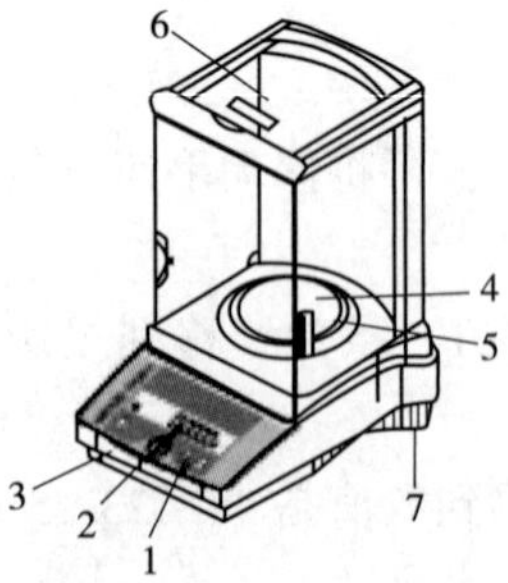

图2-6 AL204天平结构

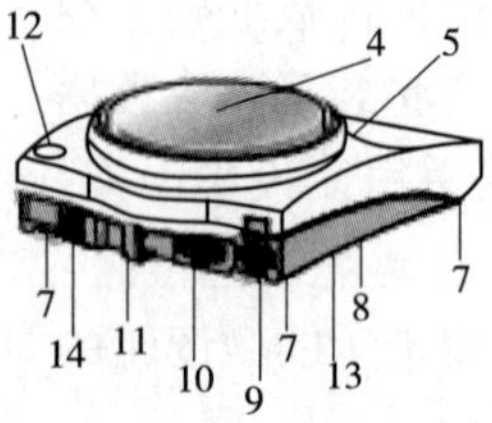

图2-7 一般电子天平结构

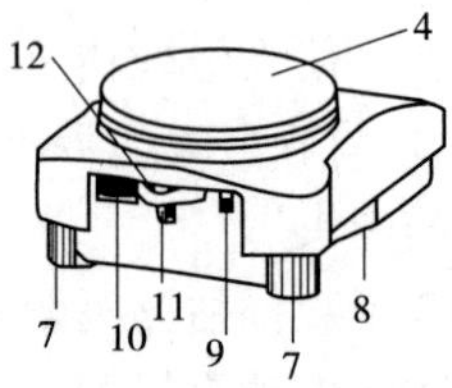

图2-8 电子天平结构

图中：

1. 操作键
2. 显示屏
3. 具有以下参数的型号标牌：

"Max"：最大称量值

"d"：可读性，即实际分度值

"Min"：最小称量

"e"：检定分度值

4. 秤盘
5. 防风圈(部分型号的天平配置)
6. 防风罩(对可读性为 0.1 mg 和 1 mg 的天平为标准配置)
7. 水平调节脚(部分型号的天平配置)
8. 用于下挂称量的秤钩(在天平底部)
9. 交流电源适配器插座
10. RS232C 接口(对于 PL-S 天平系列是选配件)
11. 防盗锁连接环(选配件)
12. 水平泡(部分型号的天平配置)
13. 电池盒(只有 PL-S 天平系列配备，其中不包括 PL203-S)
14. PL-S 第二显示屏选件接口(只适用于 PL-S 天平系列)

L/L-S 系列的所有天平具有相同的操作键盒显示屏。

3. 电子天平使用说明

(1)称量前的检查：取下天平罩，折叠好放在天平箱上面。逐项检查：

①称量物的温度与天平箱内温度是否相等，称量物的外部是否清洁和干燥。

②天平箱内、秤盘上是否清洁。如有灰尘，用毛刷刷净。

③电子天平位置是否水平。

④天平各部件是否都处在应有位置，特别要注意吊耳和圈码。

⑤测定或调节电子天平的零点。

(2)天平称量操作：

①调水平：天平开机前，应观察天平后部水平仪内的水泡是否位于圆环的中央，否则通过天平的地脚螺栓调节，左旋升高，右旋下降。

②预热：天平在初次接通电源或长时间断电后开机时，至少需要 30 min 的预热时间。因此，实验室电子天平在通常情况下，不要经常切断电源。

③称量：按下 ON/OFF 键，接通显示器；等待仪器自检。当显示器显示零时，自检过程结束，天平可进行称量。

放置称量纸，按显示屏两侧的"Tare"键去皮，待显示器显示零时，在称量纸上加所要称量的试样称量。称量完毕，按 ON/OFF 键，关断显示器。

4. 电子天平使用注意事项

（1）动作要缓而轻：升降旋枢缓慢打开且开至最大位置，慢慢转动圈码，防止圈码脱落或错位。

（2）称量物不能直接放在称量盘内，根据称量物的不同性质，可放在纸片、表面皿或称量瓶内。不能称超过天平最大载重量的物体。

（3）同一称量过程中不能更换天平，以免产生相对误差。

第二节　滴定分析仪器及其基本操作

滴定分析中常用的玻璃量器主要有滴定管、移液管和容量瓶。若想获得准确分析结果，必须正确地选择和使用量器，准确地测量溶液的体积。下面介绍滴定分析常用的量器及使用方法。

一、滴定管

滴定管是滴定分析中最基本的量器，一般可分为酸式滴定管和碱式滴定管两种，其差别在于滴定管的下部。下端为尖嘴管，且通过玻璃旋塞连接并控制滴定速度的滴定管称为酸式滴定管(简称酸管)，用于装酸性溶液或氧化性溶液，不适于装碱性溶液，因碱性溶液会腐蚀玻璃旋塞和旋塞套。下端尖嘴乳胶管与管体连接，且乳胶管内装有一个玻璃珠用以控制滴定速度的滴定管称为碱式滴定管(简称碱管)，用于装碱性溶液，不能装易与橡皮反应的酸性溶液及氧化性溶液，否则会改变溶液的浓度。滴定管如图 2-9 所示。

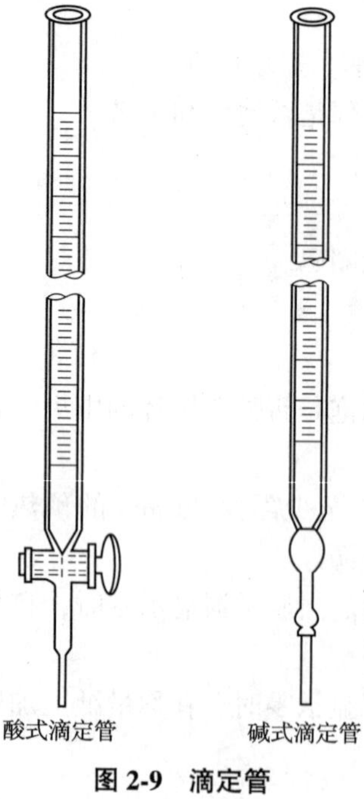

图 2-9　滴定管

常量分析用的滴定管有 50 mL、25 mL 等几种规格，它们的最小分度值为 0.1 mL、读数可估到 0.01 mL。此外，还有容积为 10 mL、5 mL、2 mL 和 1 mL 的半微量和微量滴定管，最小分度值为 0.05 mL、0.01 mL 或 0.005 mL。它们的形状各异。

现在许多实验室常使用的滴定管为酸碱两用滴定管(滴定管形状与酸式滴定管相同，不同处只是制作旋塞的材料为聚四氟乙烯)。

滴定管的使用包括洗涤检漏、排气泡、读数等步骤。

1. 查漏处理

滴定管在使用前需检漏，酸式滴定管使用前必须检查旋塞转动是否灵活、密封。如不合要求，则需取下旋塞，用滤纸擦干旋塞和旋塞槽，然后用手指或玻璃棒蘸少量凡士林在旋塞两头(离开旋塞孔两边，避免堵塞旋塞孔)薄薄的涂一层，把旋塞插入旋塞槽内，同一方向(顺时针或逆时针)转动旋塞，使凡士林涂抹均匀，呈透明状，

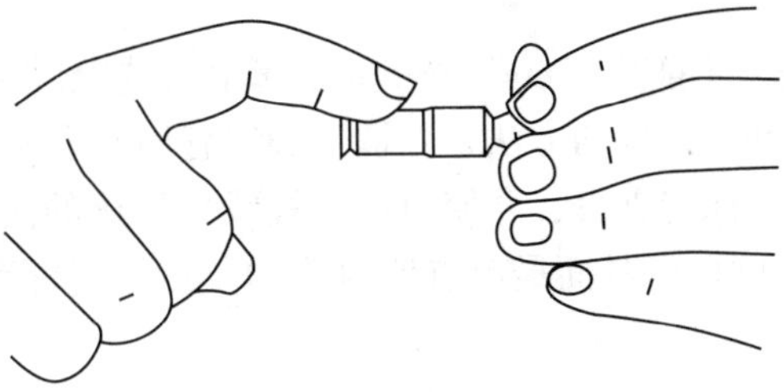

图 2-10 旋塞涂油

固定好，并检查旋塞是否漏水(图 2-10)。

2. 洗涤

干净的滴定管如无明显油污，可直接用自来水冲洗或用滴定管刷蘸肥皂水或洗涤剂刷洗（不能用去污粉），而后再用自来水冲洗。刷洗时应注意勿用刷头漏出铁丝的毛刷以免划伤内壁。如有明显油污，则需用洗液①浸洗。洗涤时向管内倒入 10 mL 左右的铬酸洗液，再将滴定管逐渐向管口倾斜，并不断旋转，使管壁与洗液充分接触，管口对着废液缸，以防洗液撒出。若油污较重，可装满洗液浸泡，浸泡时间的长短视沾污的程度而定。洗毕，洗液应倒回洗液瓶中，洗涤后应用大量自来水淋洗，并不断转动滴定管，至流出的水无色，再用去离子水润洗 3 遍，洗净后的管内壁应均匀地润上薄薄的一层水而不挂水珠。

3. 装液与赶气泡

洗净后的滴定管在装液前应先用待装溶液润洗内壁 3 次，用量依次为 10 mL，5 mL，5 mL 左右。

装入操作溶液的滴定管，应检查出口下端是否有气泡，如有应及时排除，否则会引起体积测量误差。其方法是：酸式滴定管(包括现在使用的两用滴定管)取下滴定管倾斜成约 30°角，用手迅速打开活塞(反复多次)，使溶液冲出并带走气泡。如果是很难排除的气泡，可将活塞打开，用吸耳球挤压或用手轻弹滴定管管口。碱式滴定管则将橡皮管向上弯曲，并用力捏挤玻璃珠所在处，使溶液从尖嘴处喷出，即可排出气泡，如图 2-11 碱式滴定管排气泡的方法。

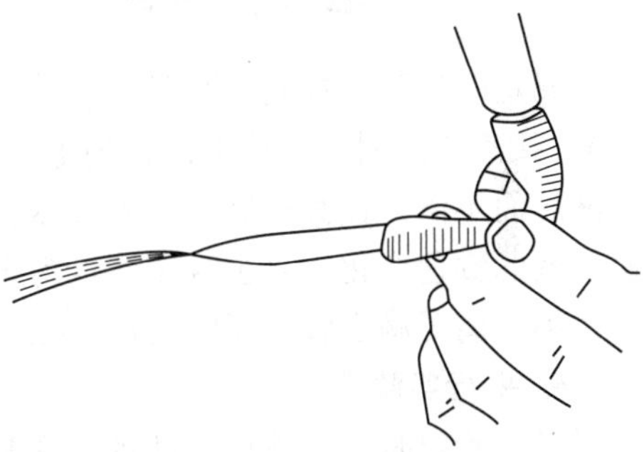

图 2-11 碱式管排气泡的方法

将排除气泡后的滴定管补加操作溶液到零刻度以上，然后再调整至零刻度线位置。

① 铬酸洗液($K_2Cr_2O_7$-浓 H_2SO_4 溶液)的配制：称取 10 g 工业用 $K_2Cr_2O_7$ 固体于烧杯中，加入 20 mL 水，加热溶解后，冷却，在搅拌下慢慢加入 200 mL 浓 H_2SO_4，溶液呈暗红色，贮存于玻璃瓶中备用。因浓 H_2SO_4 易吸水，应用磨口玻璃塞子塞好。由于铬酸洗液是一种酸性很强的强氧化剂，腐蚀性很强，易烫伤皮肤，烧坏衣物，且铬有毒，所以使用时要注意安全和环境保护。

4. 读数

读数前，滴定管应垂直静置 1 min。读数时，管内壁应无液珠，管出口的尖嘴外应不挂液珠，否则读数不准。读数的方法是：取下滴定管用右手大拇指和食指捏住滴定管上部无刻度处，使滴定管保持垂直，并使自己的视线与所读的液面处于同一水平上(图 2-12)。滴定管读数一般读取弯月面最低点所对应的刻度。对深色溶液，则一律按液面两侧最高点相切处读取。

5. 滴定

读取初读数之后，立即将滴定管下端插入锥形瓶口内约 1 cm 处，再进行滴定。操作时要求左手拇指与食指跨握滴定管的活塞处，与中指一起控制活塞的转动，左手拿住锥形瓶颈，单方向旋转使溶液圆周运转，如图 2-13 所示。

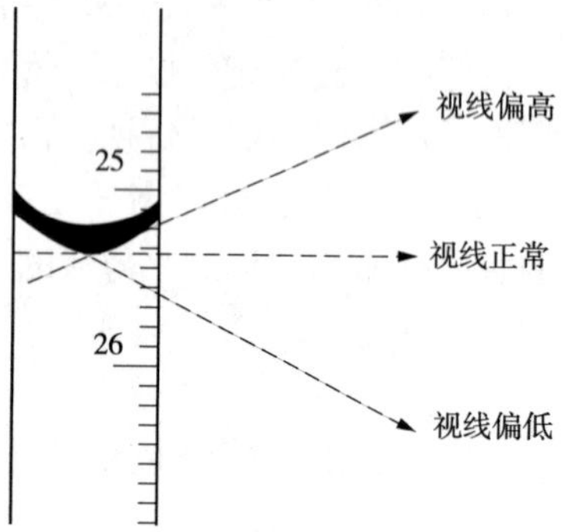

图 2-12　滴定管读数

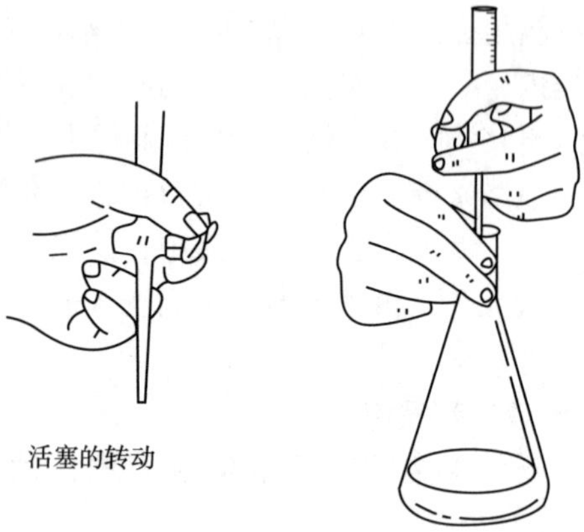

图 2-13　滴定操作

滴定时速度的控制一般是：开始时 10 mL · min^{-1}左右(尽可能快，但液滴不能连成线)；接近终点时，每加 1 滴摇匀 1 次；最后，每加 0. 5 滴摇匀 1 次(加 0. 5 滴操作是使溶液悬而不滴，让其沿器壁流入容器，再用少量去离子水冲洗内壁，并摇匀)。仔细观察溶液的颜色变化，直至滴定终点为止。读取终读数，立即记录。注意：在滴定过程中左手不应离开滴定管，以防流速失控。

6. 平行实验

平行滴定时，应该每次都将初刻度调整到"0"刻度或其附近，这样可减少滴定管刻度的系统误差。

7. 最后整理

滴定完毕，应放出管中剩余的溶液，洗净，装满去离子水备用。

二、容量瓶

在配制标准溶液或将溶液稀释至一定浓度时，我们往往要使用容量瓶。容量瓶的外形是一平底、细颈的梨形瓶，瓶口带有磨口玻璃塞或塑料塞。颈上有环形标线，瓶体标有体积，一般表示 20℃时液体充满至刻度时的容积。常见的有 10 mL、25 mL、50 mL、

100 mL、150 mL、250 mL、500 mL 和 1000 mL 等各种规格。此外还有 1 mL、2 mL、5 mL的小容量瓶，但用得较少。

容量瓶的使用主要包括如下几个方面。

1. 检查

使用容量瓶前应先检查其标线是否离瓶口太近，如果太近则不利于溶液的混合，故不宜使用。另外，还必须检查瓶塞是否漏水。检查时加自来水近刻度，盖好瓶塞，用左手食指按住，同时用右手五指托住瓶底边缘(图 2-14)，将瓶倒立 2 min，若仍无水渗出即可使用。

2. 洗涤

可先用自来水刷洗，洗后，如内壁有油污，则应倒尽残留水，加入适量的铬酸洗液(如 250 mL 容量瓶可倒入 10~20 mL洗液)，倾斜转动，使洗液充分润洗内壁，再用自来水冲洗干净后再用去离子水润洗 2~3 次备用。

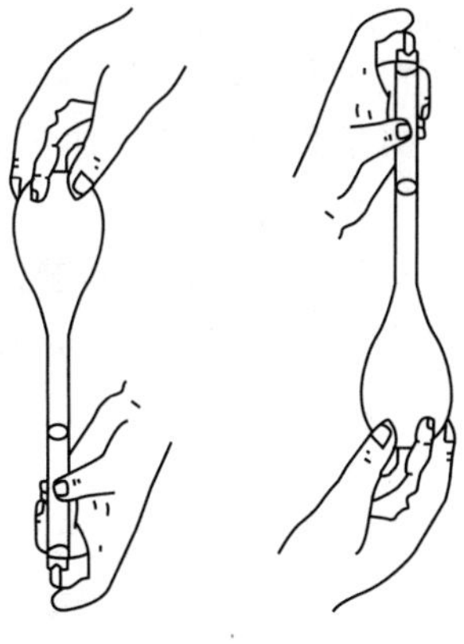

图 2-14 容量瓶的拿法

3. 配制

将准确称量好的药品倒入干净的小烧杯中，加入少量溶剂将其完全溶解后再定量转移至容量瓶中。注意：如使用非水溶剂则小烧杯及容量瓶都应事先用该溶剂润洗 2~3 次。定量转移时，左手持玻璃棒悬空放入容量瓶内，玻璃棒下端靠在瓶颈内壁(但不能与瓶口接触)，左手拿烧杯，烧杯嘴紧靠玻璃棒，使溶液沿玻璃棒流入瓶内沿壁而下(图 2-15)，烧杯中溶液流完后，将烧杯嘴沿玻璃棒上提，同时使烧杯直立。将玻璃棒取出放入烧杯内，用少量溶剂冲洗玻璃棒和烧杯内壁，也同样转移到容量瓶中。如此重复 3 次以上。补充溶剂至 3/4 体积左右，初步摇匀。再继续加至近刻度，最后改用滴管逐滴加入，直到溶液的弯月面恰好与标线相切。倒转使溶液混匀即可。

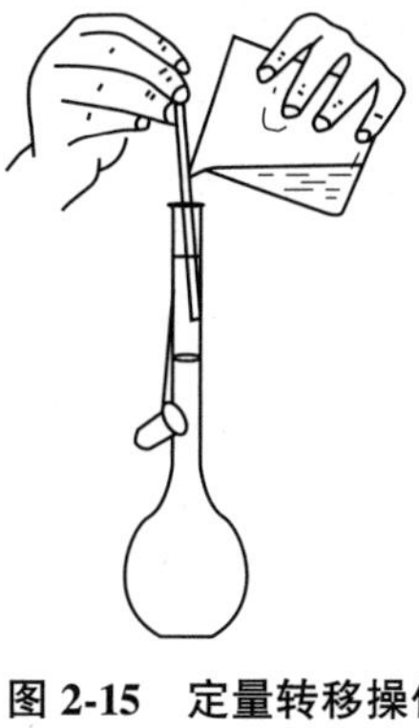

图 2-15 定量转移操作

4. 稀释

用移液管移取一定体积的浓溶液于容量瓶中，加水至标线。同上法混匀即可。

5. 注意事项

容量瓶不宜长期贮存试剂。配好的溶液如需长期保存应转入试剂瓶中。转移前须用该溶液将洗净的试剂瓶润洗 3 遍。用过的容量瓶应立即用水洗净备用，如长期不用，应将磨口和瓶塞擦干，用纸片将其隔开。此外，容量瓶不能在电炉、烘箱中加热烘烤，如确需干燥，可将洗净的容量瓶用乙醇等有机溶剂润洗后晾干，也可用电吹风或烘干机的冷风吹干。

三、移液管

移液管是用来准确移取一定体积溶液的量器，准确度与滴定管相当。移液管有两种，一种是中部具有“胖肚”，上面标有指定温度下的容积，常见的规格为 5 mL、

10 mL、25 mL、50 mL、100 mL 等；另一种是标有分刻度的直型玻璃管，通常又称吸量管或刻度管，在管的上端标有指定温度下的总体积，吸量管的容积有 1 mL、2 mL、5 mL、10 mL 等，可用来吸取不同体积的溶液，一般只量取小体积的溶液，其准确度比“胖肚”移液管稍差。吸量管有单标线和双标线之分，单标线为溶液全流出式，双标线的吸量管分刻度不刻到管尖，属溶液不完全流出式。图 2-16 为移液管的使用。

1. 洗涤

移液管使用前也要进行洗涤，先选择适当规格的移液管刷用自来水清洗，若有油污可用洗液洗涤。方法是吸入 1/3 容积洗液，平放并转动移液管，用洗液润洗内壁，吸取完毕将洗液放回原瓶，稍候，用自来水冲洗，再用去离子水清洗 2~3 次备用。

2. 润洗

洗净的移液管在移取溶液前必须用吸水纸吸净尖端内、外残留水。然后用待取液润洗 2~3 次，以防改变溶液的浓度。洗涤时，当溶液吸至“胖肚”约 1/4 处，即可封口取出。应注意勿使溶液回流，以免稀释溶液。润洗后，将溶液从下端放出。

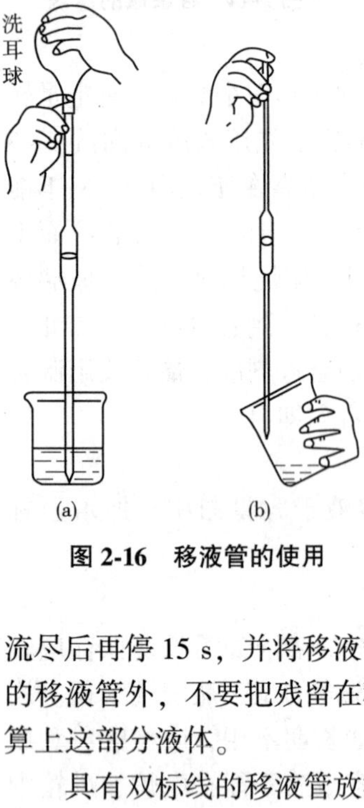

图 2-16 移液管的使用

3. 移液

如图 2-16，将润洗好的移液管插入待取溶液的液面下 1~2 cm 处(不能太浅以免吸空，也不能插至容器底部以免吸起沉渣)，右手的拇指与中指拿住移液管标线以上部分，左手拿洗耳球，排出洗耳球内空气，将洗耳球尖端插入移液管上端，并封紧管口，逐步松开洗耳球以吸取溶液。当液面升至标线以上时，拿掉洗耳球，立即用食指堵住管口，将移液管提出液面，倾斜容器，将管尖紧贴容器内壁成约 45°角，稍待片刻，以除去管外壁的溶液，然后微微松动食指，并用拇指和中指慢慢转动移液管，使液面缓慢下降，直到溶液的弯月面与标线相切。此时，应立即用食指按紧管口，使液体不再流出。将接收容器倾斜 45°角，小心把移液管移入接收溶液的容器，使移液管的下端与容器内壁上方接触松开食指，让溶液自由流下，当溶液流尽后再停 15 s，并将移液管向左右转动一下，取出移液管。注意：除标有“吹”字样的移液管外，不要把残留在移液管尖内部的液体吹出，因为在校准移液管容积时，没有算上这部分液体。

具有双标线的移液管放液体时，应注意下标线。

第三章　定量化学分析的基本操作练习

实验1　固体称量、液体量取、溶液配制及数据记录

一、实验目的

1. 了解各类天平的构造和称量原理，熟记分析天平的使用规则。
2. 了解各类量器的功能以及使用注意事项。
3. 练习溶液配制以及溶液移取等基本操作。
4. 巩固实验数据记录以及仪器设备的选用概念。

二、实验原理

1. 固体称量

固体称量应严格按照固体性质和称量要求，选择使用托盘天平或者分析天平进行称量。对于高纯度、高稳定性及称量要求高的物质(直接配制以获得准确浓度或物质的量信息，或作为待测物进行准确测定的)要用分析天平，而对于稳定性差、不纯、用于间接配制的样品或用于配制对浓度要求不高的溶液时，采用托盘天平。也可采用平顶天平替代托盘天平。

2. 液体量取

液体量取时，需要考虑量取要求。对于要求准确获得体积或者物质的量的溶液量取，需采用移液管；而对于无法获取准确体积或物质的量，以及在实验过程中体积或物质的量准确与否对结果没有影响或者影响可以忽略，则采用量筒或者量杯量取。

3. 溶液配制

采用分析天平准确称量或用移液管准确移取样品的溶液配制，往往需要准确配制，即将样品充分溶解后，经洗涤回收，最终在容量瓶中定容。尤其是采用基准物直接配制溶液，一定要精称精配。而对于托盘天平称量的样品或量筒、量杯量取的样品，则往往经溶解稀释后转移到试剂瓶。

4. 数据记录

实验数据的记录要科学严谨，实事求是。对于直接显示的数据结果，要全部记录，最末一位为估读值；对于通过刻度尺读取的结果，须按读取规则进行估读。刻度尺为 10 分度需记录到 1/10 位，为 5 分度的记录到 1/5 位，为 2 分度的记录到 1/2 位。

三、任务专题

(1)用托盘天平粗称 NaOH：约 4.5 g 于 250 mL 烧杯中。

(2)用分析天平精称 NaCl：约 0.5 g 于 100 mL 烧杯中。

(3)用量筒量取浓 HCl：约 8.5 mL 于盛有去离子水的 250 mL 烧杯中，注酸入水。

(4)配制 NaOH 溶液：继续(1)的操作，加水溶解，转移到 1000 mL 白色橡胶塞试剂瓶中，稀释至 1000 mL。

(5)配制 NaCl 溶液：继续(2)的操作，加水溶解，定容 150 mL。

(6)配制 HCl 溶液：继续(3)的操作，转入 1000 mL 棕色试剂瓶。

(7)用移液管移取 NaCl 溶液：继续(5)的操作。

(8)数据记录的规范与原则。

四、实验仪器和试剂

1. 仪器

(1)DT-100A 型单盘电光分析天平和万分之一电子天平。

(2)粗天平：平顶天平(分度值为 0.1 g 或 0.01 g)，托盘天平。

(3)移液管：25 mL 大肚吸管(每人 1 支)，5 mL 吸量管和 0.1 mL 移液管(供讲解演示用)。

(4)滴定管：50 mL(每人 1 支)、10 mL(供演示讲解用)。

(5)量筒：分度值分别为 1 mL、0.5 mL 或者 0.2 mL、0.1 mL(供讲解演示用)，10 mL量筒 6 支(与浓 HCl 放在一起)。

(6)其他：150 mL 容量瓶(每人 1 只)，250 mL 三角瓶(每人 3 只)，1000 mL 带橡胶塞的试剂瓶(每人 1 个)，1000 mL 棕色试剂瓶(每人 1 个)，250 mL 和 100 mL 烧杯(每人各 1 个)，装有 NaCl 的称量瓶(每人 1 个)，标签纸，玻璃棒，洗耳球，洗瓶，毛刷等。

2. 试剂

NaOH，NaCl，浓 HCl。

五、实验步骤

1. 固体样品的称量

(1)用分析天平称取 0.45~0.55 g NaCl 于干净的小烧杯中(教师在实验讲课时演示单盘天平的使用，讲解分析天平称样的操作要点)。

(2)用平顶天平或托盘天平称量 NaOH 4.5 g(之后继续进行浓度为 0.1 $mol \cdot L^{-1}$ NaOH 溶液 1000 mL 配制操作)。

2. 液体样品的量取

(1)精取(移液管、滴定管)：用 25 mL 移液管移取上述 NaCl 溶液 25.00 mL 于

250 mL三角瓶中(实验讲课时讲解移液管的操作使用规范)。

(2)粗取(量筒、量杯)：用 10 mL 规格量筒量取浓 HCl 配制上述 HCl 溶液。

3. 溶液的配制

(1)精确配制 NaCl 溶液：用上述称取的 NaCl 样品，加入去离子水约 70 mL，搅拌使完全溶解后，转移到 150 mL 容量瓶中，继续润洗回收溶质，每次用量约 10 mL，回收 3~5 次，定容备用。

(2)粗配 0.1 $mol \cdot L^{-1}$ NaOH 溶液 1000 mL：将上述称量的 NaOH 固体，用去离子水迅速冲洗后加水溶解，转移到试剂瓶中，加去离子水配制得到所需浓度与体积的 NaOH 溶液，贴签备用。

(3)粗配 0.1 $mol \cdot L^{-1}$ HCl 溶液 1000 mL：取浓 HCl(36%)8.5 mL 于盛有去离子水的烧杯中，转移到 1000 mL 试剂瓶并稀释得到所需 HCl 溶液，贴签备用。

六、实验数据及处理

将固体称量所用设备信息及称量结果填写于表 3-1；将液体量取所用量器相关信息及量取结果填写于表 3-2；将溶液配制相关信息及数据结果填写于表 3-3。

表 3-1　固体称量练习数据

称量对象	天平种类	天平型号	灵敏度	称样量
NaOH				
NaCl				

表 3-2　液体量取练习数据

量取对象	量器	量器规格	量取量
NaCl 溶液			
浓 HCl			

表 3-3　溶液配制练习数据

称量对象	称量对象物态	溶质用量	溶液体积	溶液浓度	其他
NaOH					
NaCl					
HCl					

七、思考题

1. 称量固体时，何时选用分析天平？何时选用托盘天平或者平顶天平？

2. 欲称量质量约为 3 g 的高锰酸钾固体以配制高锰酸钾溶液，应选用哪种天平进行称量？

3. 请计算并说明 NaOH 称样量 4.5 g 合理。

4. 请计算说明浓 HCl 8.5 mL 量取量合理。

5. 请计算所配制 NaCl 溶液的浓度，单位 $mol \cdot L^{-1}$。

6. 分析天平在使用前需使水准泡位于水准仪的正中，其意义是什么？

7. 量取液体时，何时选用量筒？何时选用移液管？

8. 移液管移取液体，放液完毕后是否用洗耳球将管口残留的液体吹入接收的容器中？

9. 溶液配制时，何时采用精配方案？何时采用粗配方案？

10. 可否用移液管移取浓 HCl 来配置 HCl 溶液？

11. 移液管使用前的洗涤方案是什么？可否不用溶液润洗？

12. 容量瓶用前是否需要用溶液润洗？为什么？

13. 能否通过采用分析天平称取、容量瓶配制得到准确浓度的 NaOH 溶液？

实验 2　滴定分析基本操作练习

一、实验目的

1. 掌握滴定分析常用仪器的洗涤。

2. 练习滴定操作，初步掌握滴定管的使用和滴定终点的准确判断。

3. 掌握酸碱溶液相互滴定及比较。

4. 熟悉甲基橙、酚酞指示剂的使用和终点的正确判断，初步掌握酸碱指示剂的选择方法。

二、实验原理

滴定分析法是将滴定剂(已知准确浓度的标准溶液)滴加到含有被测组分的试液中，直到化学反应完全时为止，然后根据滴定剂的浓度和消耗的体积计算被测组分的含量的一种方法。因此，在滴定分析实验中，必须学会标准溶液的配制、标定、滴定管的正确使用和滴定终点的正确判断。

浓 HCl 浓度不确定、易挥发，NaOH 不稳定，在空气中易吸收 CO_2 和水分。因此，酸碱标准溶液要采用间接配制法配制，即先配制近似浓度的溶液，再用基准物质标定。

0.1 $mol \cdot L^{-1}$ HCl 溶液(强酸)和 0.1 $mol \cdot L^{-1}$ NaOH(强碱)相互滴定时，化学计量点时的 pH 值为 7.0，滴定的 pH 值突跃范围为 4.3~9.7，选用在突跃范围内变色的指示剂，可保证测定有足够的准确度。可选用酚酞(简写为 pp)，变色范围 pH 8.0(无色)~9.6(红)；甲基橙(简写为 MO)，变色范围 pH 3.1(红)~4.4(黄)作指示剂。甲基橙和酚酞变色的可逆性好，在指示剂不变的情况下，当浓度一定的 NaOH 和 HCl 相互滴定时，所消耗的体积比 V_{HCl}/V_{NaOH} 应该是固定的。在使用同一指示剂的情况下，改变被滴溶液的体积，此体积比应基本不变，由此，可训练学生的滴定基本操作技术和正确判断终点的能力。通过观察滴定剂落点处周围颜色改变的快慢判断终点是否临近；临近终点时，要能控制滴定剂一滴一滴地或半滴半滴地加入，至最后一滴或半滴引起溶液颜色的明显变化，立即停止滴定，即为滴定终点，要做到这些，必须反复练习。

三、任务专题

(1)移取 HCl 溶液：移取 HCl 溶液 25.00 mL 于三角瓶中，平行 3 份，各加 2 滴酚酞指示剂。

(2)装 NaOH 溶液：在滴定管中加入 NaOH 溶液并调至“0”刻线，记录数据。

(3)滴定：完成 NaOH 滴定 HCl 至终点操作，记录数据。

(4)移取 NaOH 溶液：移取 NaOH 溶液 25.00 mL 于三角瓶中，平行 3 份，各加 1 滴甲基橙指示剂。

(5)装 HCl 溶液：在滴定管中加入 HCl 溶液并调至“0”刻线，记录数据。

(6)滴定：完成 HCl 滴定 NaOH 至终点操作，记录数据。

四、实验仪器和试剂

1. 仪器

烧杯，试剂瓶，酸式滴定管(50 mL)(或酸碱两用滴定管)，碱式滴定管(50 mL)(或酸碱两用滴定管)，锥形瓶(250 mL)，移液管 ，洗瓶，洗耳球。

2. 试剂(分析纯)

0.1 $mol \cdot L^{-1}$ NaOH、0.1 $mol \cdot L^{-1}$ HCl ，酚酞指示剂(0.2% 乙醇溶液)，甲基橙指示剂(1 $g \cdot L^{-1}$，0.2%)，甲基红指示剂。

五、实验步骤

1. 酸碱溶液的相互滴定操作练习

(1)滴定管的准备：准备好酸式和碱式滴定管各 1 支，洗净。分别用实验 1 配好的 0.1 $mol \cdot L^{-1}$ HCl、0.1 $mol \cdot L^{-1}$ NaOH 溶液各 5~10 mL，分别润洗酸式滴定管和碱式滴定管 2~3 次。再分别装入 HCl 和 NaOH 溶液，排除气泡，调节液面至零刻度的位置，静止 1 min 后，记下初读数。

(2)以酚酞作指示剂用 NaOH 溶液滴定 HCl：从酸式滴定管中放出 10 mL HCl 于锥形瓶中，加入 1~2 滴酚酞，在不断摇动下，用 NaOH 溶液滴定，注意控制滴定速度，当滴加的 NaOH 落点处周围红色褪去较慢时，表明临近终点，用洗瓶洗涤锥形瓶内壁，控制 NaOH 溶液一滴一滴地或半滴半滴地滴出。至溶液呈微红色，且 30 s 不褪色即为终点，记下读数。再由酸式滴定管放入 1~2 mL HCl，再用 NaOH 溶液滴定至终点。如此反复练习滴定、终点判断及读数若干次。

(3) 以甲基橙作指示剂用 HCl 溶液滴定 NaOH：从碱式滴定管中放出 10 mL NaOH 于锥形瓶中，加入 1～2 滴甲基橙，在不断摇动下，用 HCl 溶液滴定至溶液由黄色恰呈橙色为终点。再由碱式滴定管中放入 1～2 mL NaOH，继续用 HCl 溶液滴定至终点，如此反复练习滴定、终点判断及读数若干次。

练习过程中，可以不断补充 NaOH 和 HCl 溶液，反复进行，直至操作熟练后，再进行下面的实验步骤。

2. HCl 和 NaOH 溶液体积比 V_{HCl}/V_{NaOH} 的测定

从酸式滴定管以每分钟 10 mL 的流速放出 25 mL HCl 于锥形瓶中，加 1～2 滴酚酞，用 NaOH 溶液滴定至溶液呈微红色，且 30 s 不褪色即为终点。读取并准确记录 HCl 和 NaOH 的体积，平行测定 3 次。计算 V_{HCl}/V_{NaOH}，要求相对平均偏差不大于 0.2%。

体积比的测定也可以采用甲基橙作为指示剂，以 HCl 溶液滴定 NaOH，平行测定 3 次。如果时间允许，这两个相互滴定均可进行，将所得结果进行比较，并讨论。

六、实验数据及处理

将相关实验数据以及处理结果填写于表 3-4。

表 3-4　NaOH 滴定 HCl

		1	2	3
氢氧化钠滴定盐酸	HCl 体积/mL			
	NaOH 始体积/mL			
	NaOH 末体积/mL			
	NaOH 用量 V_{NaOH}/mL			
盐酸滴定氢氧化钠	NaOH 体积/mL			
	HCl 始体积/mL			
	HCl 末体积/mL			
	HCl 用量 V_{HCl}/mL			
	V_{HCl}/V_{NaOH}			
	V_{HCl}/V_{NaOH} 的平均值			
	偏差 d_i			
	平均偏差 $\bar{d}_i$			
	标准偏差 S			

七、思考题

1. 在实验中，用酚酞作为指示剂时，为什么要求 NaOH 滴定至溶液呈微红色，且 30 s 不褪色即为终点？

2. 在滴定分析中，滴定管为何要用滴定剂润洗几次？滴定中的锥形瓶是否也要用滴定剂润洗呢？为什么？

3. 下列操作是否准确：

(1)每次洗涤的操作液从吸管的上口倒出；

(2)为了加速溶液的流出，用洗耳球把吸管内溶液吹出；

(3)吸取溶液时，吸管末端伸入溶液太多，转移溶液时，任其临空流下；

(4)烧杯只用自来水冲洗干净；

(5)滴定过程中活塞漏水；

(6)滴定管下端气泡未赶尽；

(7)滴定过程中，往烧杯内加少量蒸馏水；

(8)滴定管内壁挂有液滴。

第四章　滴定分析实验

实验 3　NaOH 溶液的标定和比较滴定

一、实验目的

1. 巩固分析天平的使用，并掌握减量称量法。
2. 熟练掌握滴定操作及常用指示剂的滴定终点判断。
3. 学会并掌握碱溶液的标定方法和比较滴定方法。

二、实验原理

1. NaOH 标定

NaOH 容易吸收空气中的水蒸气和 CO_2，HCl 容易挥发放出氯化氢气体。故它们都不能用直接法配制标准溶液，只能用间接法配制，然后用基准物标定其准确浓度。

NaOH 常用邻苯二甲酸氢钾($HKC_8H_4O_4$，缩写为 KHP)标定，反应式：

$$HKC_8H_4O_4+NaOH = KNaC_8H_4O_4+H_2O \tag{4-1}$$

达到化学计量点时，溶液呈碱性($KNaC_8H_4O_4$)，pH 值约为 9，可选用酚酞作指示剂。

根据反应式关系：$n_{HKC_8H_4O_4} = n_{NaOH}$，可推导出式(4-2)：

$$c_{NaOH} \cdot V_{NaOH} \times 10^{-3} = m_{HKC_8H_4O_4} / M_{HKC_8H_4O_4} \tag{4-2}$$

2. NaOH 和 HCl 比较滴定

酸碱比较滴定过程中，以标定好的 NaOH 溶液滴定 HCl，酚酞作为指示剂，反应式：

$$NaOH+HCl = NaCl+H_2O \tag{4-3}$$

反应达到化学计量点时，终点颜色由无色变为微红色，且 30 s 不褪色。根据式(4-4)可计算得到准确的盐酸的浓度 c_{HCl}。

$$c_{NaOH} \cdot V_{NaOH} = c_{HCl} \cdot V_{HCl} \tag{4-4}$$

c_{NaOH}与 c_{HCl}固定，因此 $c_{NaOH}/c_{HCl} = V_{NaOH}/V_{HCl}$理论上为一常数。故在已知任何一种溶液浓度的基础上，可以通过测定其体积比求算另一种溶液的浓度。

三、任务专题

(1)计算基准物的称样量(可以大样称量，也可以小样称量)，用分析天平精称

$HKC_8H_4O_4$(约 0.5 g)于 250 mL 锥形瓶中，平行 3 份。

(2)装 NaOH 溶液：在滴定管中加入 NaOH 溶液并调至“0”刻线，记录数据。

(3)滴定：在装有 $HKC_8H_4O_4$ 溶液的锥形瓶中，加 1~2 滴酚酞指示剂，完成 NaOH 滴定 $HKC_8H_4O_4$ 至终点操作，记录数据，平行 3 次。

(4)比较滴定准备碱溶液：移取 NaOH 溶液 25.00 mL 于三角瓶中，加 1 滴甲基橙指示剂，准备进行滴定，平行 3 次。

(5)比较滴定准备 HCl 溶液：在滴定管中加入 HCl 溶液并调至“0”刻线，记录数据。

(6)滴定：完成 HCl 滴定 NaOH 至终点操作，记录数据。

四、实验仪器和试剂

1. 仪器

分析天平，称量瓶，酸碱两用滴定管(50 mL 1 支)，锥形瓶(250 mL 3 个)，移液管(25 mL 1 支)，烧杯(100 mL、250 mL 各 1 个)。

2. 试剂

0.2%甲基橙水溶液，0.2%酚酞乙醇溶液，邻苯二甲酸氢钾(AR)。

五、实验步骤

1. 0.1 mol · L^{-1} NaOH 溶液的标定

准确称取邻苯二甲酸氢钾 3 份，每份重约 0.5 g(为什么?)，分别置于锥形瓶中，各加 30 mL 煮沸后冷却的去离子水溶解(为什么?)，加入 1~2 滴酚酞指示剂，用配好的 NaOH 溶液滴定至浅粉色，并在 30 s 内不褪色即为终点。计算其浓度(也可采用定容法配制标准邻苯二甲酸氢钾溶液)。要求标定结果相对误差小于 0.2%。

2. 比较滴定

用 25.00 mL 移液管移取 25.00 mL NaOH 溶液于锥形瓶中，加入 1 滴甲基橙指示剂，用 HCl 溶液滴定至溶液由黄色变为橙色，即为终点，记录 HCl 溶液的体积，平行测定 3 次。求出各次滴定的 V_{HCl}/V_{NaOH}。

要求 3 次测定结果的相对误差小于 0.2%。

由已标定的 NaOH 的准确浓度及二者体积比的平均值，计算 HCl 的准确浓度。

六、实验数据及处理

将相关实验数据以及处理结果填写于表 4-1、表 4-2 中。

表 4-1　0.1 mol · L^{-1} NaOH 溶液的标定

	1	2	3
$HKC_8H_4O_4$ 质量/g			
NaOH 溶液终读数/mL			

（续）

	1	2	3
NaOH 溶液初读数/mL			
NaOH 用量/mL			
NaOH 溶液浓度 c_{NaOH}			
溶液的平均浓度 $\bar{c}_{NaOH}$			
绝对偏差			
绝对平均偏差			
相对平均偏差			

表 4-2　比较滴定（HCl 滴定 NaOH）

	1	2	3
滴定管初读数/mL			
滴定管终读数/mL			
HCl 用量/mL			
NaOH 用量/mL			
V_{HCl}/V_{NaOH}			
$\overline{\frac{V_{HCl}}{V_{NaOH}}}$			
$c_{HCl}/mol \cdot L^{-1}$			

七、思考题

1. 为什么 HCl 和 NaOH 标准溶液都不能用直接法配制？

2. 基准物称完后，需加水 30 mL 溶解，水的体积是否要准确量取？为什么？

3. 如果 NaOH 标准溶液在保存过程中吸收了空气中的 CO_2，用该溶液滴定 HCl 时，以甲基橙为指示剂，对测量结果有何影响？若用酚酞为指示剂，情况如何？

4. 滴定中酚酞的用量对实验结果是否有影响？

5. 标定 NaOH 标准溶液的基准物质常用的有哪几种？本实验选用的基准物质是什么？与其他基准物质比较，它有什么显著的优点？

6. 下列操作是否正确：

（1）每次洗涤液从吸管的上端倒出；

（2）为了加速溶液的流出，用洗耳球把吸管内溶液吹出；

（3）吸取溶液时，吸管末端伸入溶液太多，转移溶液时，任其临空流下。

实验4 食用醋中乙酸含量的测定(食用醋总酸度的测定)

一、实验目的

1. 学习食醋中总酸度测定的原理和方法。
2. 掌握指示剂的选择原则。
3. 掌握 NaOH 标准溶液的标定方法。
4. 掌握滴定管、容量瓶、移液管的使用方法。

二、实验原理

(1)由于 NaOH 试剂易吸收空气中的 CO_2和水分，NaOH 标准溶液需用间接法配制，即先配制成近似浓度溶液，然后选择基准物质和指示剂标定其准确浓度。具体原理见实验 1。

(2)食醋的主要成分是乙酸，含乙酸 3%~6%，还含有乳酸、葡萄糖酸、琥珀酸等少量其他有机弱酸。

根据酸碱滴定中强碱滴定弱酸的原理，用 NaOH 标准溶液滴定，食醋中的乙酸($K_a=1.8\times10^{-5}$)和 $K_a>10^{-7}$的弱酸均可以与 NaOH 反应，滴定所得为食醋的总酸度，计算结果以含量最多的乙酸计，以 ρ_{HAc}(g · L^{-1})表示。其反应式：

$$NaOH+HAc \xlongequal{} NaAc+H_2O \qquad (4\text{-}5)$$

化学计量点 pH 值约为 8.7，可选酚酞作指示剂，滴定终点时，溶液由无色变为浅粉色，且 30 s 内不褪色。

食醋中乙酸浓度较大，颜色较深，需稀释后再进行滴定。如食醋颜色过深，可用中性活性炭脱色后再滴定。稀释食醋所用蒸馏水应经过煮沸，以消除 CO_2的影响。

三、任务专题

(1)固体 NaOH 和 $KHC_8H_4O_4$ 基准物质称样量的估算。

(2)0.1 mol · L^{-1} NaOH 标准溶液的配制：称取 NaOH 固体 4.5 g，去离子水溶解，试剂瓶中稀释至 1000 mL(或采用实验 1 所配制的 NaOH 溶液)。

(3)0.1 mol · L^{-1} NaOH 标准溶液的标定：减量法，精称 $KHC_8H_4O_4$，约 0.5 g 于锥形瓶中，30 mL 去离子水溶解，加酚酞指示剂 2 滴，NaOH 溶液滴至终点(或采用实验 3 所确定的溶液浓度结果)。

(4)浓度计算：NaOH 标准溶液浓度的计算。

(5)食醋脱色：向食醋中加入中性活性炭适量，脱除食醋颜色。

(6)食醋稀释：移取食醋 25.00 mL 于 250 mL 容量瓶中定容。

(7)酸度测定：移取稀释后食醋 25.00 mL 于锥形瓶中，加酚酞 2 滴，NaOH 滴至浅粉且 30 s 不褪色。

(8)酸度计算：计算食醋中总酸度，以 $\rho_{HAc}(g \cdot L^{-1})$ 表示。

四、实验仪器和试剂

1. 仪器

台称，分析天平(0.0001 g)，移液管，容量瓶，锥形瓶，碱式滴定管，烧杯，量筒，试剂瓶。

2. 试剂

固体 NaOH(分析纯)，邻苯二甲酸氢钾(KHP)基准试剂(AR，在 100~125℃下干燥后备用，干燥温度不宜过高，否则脱水成邻苯二甲酸酐)，酚酞指示剂($2\ g \cdot L^{-1}$，乙醇溶液)，食醋样品。

五、实验步骤

1. 0.1 mol · L⁻¹ NaOH 标准溶液的标定

用减量法称取 KHP 基准物质 0.4~0.6 g，放入锥形瓶中，加 30~40 mL 蒸馏水溶解，加入 2 滴酚酞指示剂，用待标定的 NaOH 标准溶液滴定，溶液呈浅粉色且保持 30 s 不褪色，即为终点，平行标定 3 份。数据记录见表 4-3。计算 NaOH 标准溶液的浓度及 3 次标定结果的相对偏差，各次相对偏差以不大于±0.2%为宜(或将实验 3 中数据迁移到本处)。

2. 食醋中总酸度的测定

准确移取食醋试样 25.00 mL 至 250 mL 容量瓶中，用新煮沸并冷却的蒸馏水稀释至刻度，定容。

准确移取上述已稀释过的试液 25.00 mL 于 250 mL 锥形瓶中，加入 2~3 滴酚酞指示剂，用上一步已标定过的 NaOH 标准溶液滴至溶液由无色呈浅粉色且 30 s 内不褪色，即为终点，平行测定 3 次，根据消耗 NaOH 标准溶液的体积，按式(4-6)计算食醋总酸度 $\rho_{HAc}(g \cdot L^{-1})$，并将各数据结果记录于表 4-4。

$$\rho_{HAc} = \frac{c_{NaOH} \cdot V_{NaOH} \cdot M_{HAc}}{V_{HAc} \times \frac{25.00}{250.00}} \quad g \cdot L^{-1} \tag{4-6}$$

计算结果的相对偏差以不大于±0.2%为宜。

六、实验数据及处理

表 4-3 $KHC_8H_4O_4$ 标定 NaOH 标准溶液

编 号	1	2	3
$m_{KHC_8H_4O_4}/g$			

（续）

编　号	1	2	3
V_{NaOH}初读数/mL			
V_{NaOH}终读数/mL			
V_{NaOH}/mL			
c_{NaOH}/mol · L^{-1}			
$\bar{c}_{NaOH}$/mol · L^{-1}			
相对平均偏差/%			
分析结果的表示（含量及评价）			

表 4-4　食醋总酸度的测定

编　号	1	2	3
V_{HAc}/mL			
$V_{稀释后HAc}$/mL			
V_{NaOH}初读数/mL			
V_{NaOH}终读数/mL			
V_{NaOH}/mL			
ρ_{HAc}(g · L^{-1})			
$\bar{\rho}_{HAc}$(g · L^{-1})			
相对平均偏差/%			
分析结果的表示（含量及评价）			

七、思考题

1. 标定 NaOH 标准溶液和测定食醋中总酸度时，需用新煮沸放凉的蒸馏水，为什么？

2. 用 NaOH 标准溶液滴定 HAc 溶液属于哪种滴定类型？滴定原理是什么？如何选择指示剂？

3. 查阅有关文献，了解食醋的种类和作用。

4. 本实验以酚酞为指示剂，滴至浅粉色且 30 s 不褪色才为滴定终点，而使浅粉色褪去的原因是什么？若浅粉色终点 30 s 以后褪去，是否需要继续滴定至重新有浅粉色出现？

5. 配制 NaOH 标准溶液时，所用 NaOH 的用量如何计算？应选何种天平称取试剂？

6. 标定 NaOH 标准溶液时通常选择 KHP 为基准物质，为什么？KHP 为基准物质的称量范围如何计算？

实验5　氨水的返滴定法测定

一、实验目的

1. 了解滴定分析中的4种滴定方式。
2. 了解返滴定法的适用范围及操作原理。
3. 掌握测定氨水的原理及方法。

二、实验原理

氨水是一种弱碱，理论上可用强酸直接滴定，但由于其具有挥发性，所以通常使用返滴定法进行滴定分析。具体方法如下：先取过量的HCl标准溶液于锥形瓶中，再加入一定体积的$NH_3 \cdot H_2O$样品与HCl充分作用，未参与反应的剩余HCl用NaOH标准溶液进行滴定，通过滴定结果计算出$NH_3 \cdot H_2O$样品的浓度，此种方式被称为返滴定法，化学反应如下：

$$2HCl(过量)+NH_3 = NH_4Cl+HCl(剩余) \tag{4-7}$$

$$HCl(剩余)+NaOH = NaCl+H_2O \tag{4-8}$$

当滴定结束时，溶液中NH_4Cl为主要存在物质，NH_4^+是弱酸，其pH值约为5.3，适合选甲基红为指示剂。结果用含氨量ρ_{NH_3}或含氮量ρ_N表示：

$$\rho_{NH_3} = \frac{[c_{HCl} \cdot V_{HCl} - c_{NaOH}V_{NaOH}] \cdot M_{NH_3}}{V_{NH_3}} \times 稀释倍数 \tag{4-9}$$

$$\rho_N = \rho_{NH_3} \cdot \frac{M_N}{M_{NH_3}} \tag{4-10}$$

三、任务专题

(1)用移液管精确获取40.00 mL的HCl于锥形瓶中。
(2)用移液管精确移取25.00 mL的$NH_3 \cdot H_2O$放于(1)中。
(3)以NaOH为标准溶液对锥形瓶中的混合溶液平行滴定3次。
(4)计算结果并求得平均值、相对偏差和相对平均偏差。

四、实验仪器和试剂

1. 仪器

滴定管(50 mL 2支)，锥形瓶(250 mL 3个)，移液管(25 mL 1个)。

2. 试剂

HCl标准溶液(已标定) c_{HCl}=________；

NaOH 标准溶液(已标定)c_{NaOH} = ________；
$NH_3 \cdot H_2O$ 溶液(0.15 mol · L^{-1})；
甲基红指示剂。

五、实验步骤

从滴定管中精确获取 40.00 mL HCl(过量)标准溶液放入 250 mL 锥形瓶中，然后用移液管精确量取 25.00 mL 稀释后的 $NH_3 \cdot H_2O$ 也放入此锥形瓶中，加入 3 滴甲基红指示剂(溶液应呈红色，若呈黄色说明 HCl 加入量不足，应适量补充)。将 NaOH 标准溶液装置滴定管中，滴定锥形瓶中剩余的 HCl 溶液，观察溶液由红色刚好变为橙色即为滴定终点，记录所用 NaOH 的体积(精确到小数点后两位)于表 4-5 中，实验需平行测定 3 次。

六、实验数据及处理

将 $NH_3 \cdot H_2O$ 返滴定法滴定的实验数据及结果处理填写于表 4-5。

表 4-5　$NH_3 \cdot H_2O$ 返滴定法滴定的实验数据及结果处理

实验次数	1	2	3
V_{HCl}/mL			
$V_{NH_3 \cdot H_2O}$/mL			
V_{NaOH}/mL			
ρ_N /g · mL^{-1}			
$\overline{\rho_N}$ /g · mL^{-1}			
相对偏差			
相对平均偏差			

七、思考题

1. 返滴定法与直接滴定法有什么区别?

2. $NH_3 \cdot H_2O$ 为何不适宜用直接滴定法进行测定?适合用直接滴定法进行测定的溶液具备哪些特点?

3. 本实验用 NaOH 标准溶液滴定过量的 HCl 溶液，可以选择酚酞作为指示剂吗?为什么?

实验 6　工业纯碱总碱度的测定

一、实验目的

1. 掌握 HCl 标准溶液的配制和标定。
2. 掌握工业纯碱总碱度的测定方法。
3. 进一步掌握滴定管、移液管、容量瓶的使用方法。

二、实验原理

1. HCl 标准溶液的标定

浓 HCl 很容易挥发，HCl 标准溶液需用间接法(标定法或比较滴定法)配制。先配成近似浓度，然后选择合适的基准物质与指示剂进行标定。

标定 HCl 的基准物质常用无水碳酸钠或硼砂。为使标定和测定在相同条件下，本实验以无水碳酸钠作为基准物质。无水碳酸钠标定 HCl 的反应分两步进行：

$$Na_2CO_3+HCl = NaHCO_3+NaCl \tag{4-11}$$

$$NaHCO_3+HCl = NaCl+H_2O+CO_2 \tag{4-12}$$

化学计量点 pH 值为 3.9，选甲基橙作为指示剂，终点由黄色变为橙色。按式(4-13)计算 HCl 标准溶液浓度如下：

$$c_{HCl} = \frac{2m_{Na_2CO_3}}{V_{HCl} \cdot M_{Na_2CO_3}} \times 1000\ mol \cdot L^{-1} \tag{4-13}$$

2. 工业纯碱总碱度的测定

工业纯碱的主要成分为 Na_2CO_3，此外含有少量 $NaHCO_3$。工业纯碱总碱度是指工业纯碱中 Na_2CO_3 和 $NaHCO_3$ 均被滴定为 H_2CO_3(即 CO_2和 H_2O)时所用 HCl 标准溶液的量相当于 Na_2CO_3 的含量。滴定反应同 HCl 标准溶液的标定。计算公式为：

$$W_{Na_2CO_3} = \frac{\frac{1}{2}c_{HCl} \cdot V_{HCl} \cdot M_{Na_2CO_3}}{m_s} \times 100\% \tag{4-14}$$

通常计量点时生成的 H_2CO_3 溶液为饱和溶液(浓度为 0.04 $mol \cdot L^{-1}$)，计量点 pH 值约为 3.9，可用甲基橙作指示剂，溶液颜色由黄色变为橙色。

三、任务专题

(1)浓 HCl 量取体积估算，基准物 Na_2CO_3 称样量估算。

(2)0.1 $mol \cdot L^{-1}$ HCl 标准溶液的配制：量筒量取 8.5 mL 浓 HCl，倾入盛有蒸馏水的烧杯中，转移至试剂瓶并稀释至 1000 mL(通风橱中进行)。

(3)Na_2CO_3 基准溶液(标定 HCl 溶液用)的配制：减量法准确称取约 1.3 g 烘干的基

准物质 Na_2CO_3，溶解定容至 250 mL。

(4)工业纯碱溶液的配制：减量法准确称取约 1.6 g 工业纯碱，溶解定容至 250 mL。

(5)0.1 $mol \cdot L^{-1}$ HCl 标准溶液标定：移取 Na_2CO_3 基准溶液 25.00 mL，加 2 滴甲基橙，用 HCl 标准溶液滴至黄色变橙即为终点。

(6)计算 HCl 标准溶液的浓度。

(7)工业纯碱测定：移取工业纯碱溶液 25.00 mL，加甲基橙 2 滴，用 HCl 标准溶液滴至黄色变橙即为终点。

(8)计算工业纯碱的总碱度。

四、实验仪器和试剂

1. 仪器

分析天平(0.0001 g)，移液管，容量瓶，锥形瓶，酸式滴定管，烧杯，量筒，试剂瓶。

2. 试剂

浓 HCl(AR，密度 1.19 $g \cdot L^{-1}$，质量分数 36.5%，物质的量浓度 11.9 $mol \cdot L^{-1}$)，无水 Na_2CO_3 基准物质(AR)，甲基橙指示剂(0.1%水溶液)，工业纯碱试样。

五、实验步骤

1. 0.1 $mol \cdot L^{-1}$ HCl 标准溶液的标定

减量法准确称取无水 Na_2CO_3 1.2~1.5 g，置于 100 mL 烧杯中，加 50 mL 蒸馏水溶解，将溶液定量转移至 250 mL 容量瓶中，定容，充分摇匀。

用移液管移取 25.00 mL 溶液于 250mL 锥形瓶中，加 2 滴甲基橙，用 HCl 标准溶液滴定至溶液由黄色变为橙色，即为终点，平行标定 3 次，数据记录于表 4-6 中。

表 4-6　Na_2CO_3 标定 HCl 标准溶液

编　号	1	2	3
$m_{Na_2CO_3}$/g			
V_{HCl}初读数/mL			
V_{HCl}终读数/mL			
V_{HCl}/mL			
c_{HCl}/$mol \cdot L^{-1}$			
$\bar{c}_{HCl}$/$mol \cdot L^{-1}$			
相对平均偏差/%			
分析结果的表示(含量)			

2. 工业纯碱总碱度的测定

减量法准确称取工业纯碱试样 1.3~1.7 g，置于 100 mL 烧杯中，加 50 mL 蒸馏水溶解，将溶液定量转移至 250 mL 容量瓶中，定容，充分摇匀。

用移液管移取 25.00 mL 溶液于 250 mL 锥形瓶中，加 2 滴甲基橙，用 HCl 标准溶液滴定至溶液由黄色变为橙色，即为终点，平行标定 3 份。数据记录于表 4-7 中。

表 4-7 工业纯碱总碱度的测定

编 号	1	2	3
$m_{试样}$/g			
V_{HCl}初读数/mL			
V_{HCl}终读数/mL			
V_{HCl}/mL			
$W_{Na_2CO_3}$/%			
$\overline{W}_{Na_2CO_3}$/%			
相对平均偏差/%			
分析结果的表示(含量)			

六、实验数据及处理

计算 HCl 浓度，相对平均偏差不大于±0.2%；计算工业纯碱的总碱度，测定结果的相对偏差不大于±0.2%为宜。

七、思考题

1. 0.1 mol · L^{-1} HCl 标准溶液为什么需要标定？
2. 配制 HCl 标准溶液时，如何计算所用浓 HCl 的体积？如何量取浓 HCl 的体积？
3. 用 HCl 标准溶液滴至工业纯碱属于哪种滴定类型？滴定原理是什么？如何选择指示剂？
4. 若所取试样较少，可采取哪些方法使反应进行完全，减小滴定误差？
5. 本实验标定 HCl 标准溶液时选择无水 Na_2CO_3 作基准物质，为什么？无水 Na_2CO_3 作基准物质的称量范围如何计算？

实验 7 铵盐中氮含量的测定(甲醛法)

一、实验目的

1. 掌握甲醛法测定铵盐中氮含量的方法原理和适用范围。

2. 熟练掌握滴定管、容量瓶、移液管的使用。
3. 掌握强碱滴定弱酸的反应原理及指示剂的选择。

二、实验原理

硫酸铵是常用的氮肥之一。其中，NH_4^+的酸性较弱（$K_a = 5.6\times10^{-10}$），无法用NaOH标准溶液直接滴定。可将硫酸铵与甲醛作用，定量反应生成质子化六亚甲基四胺（$K_a = 7.1\times10^{-6}$）和H^+：

$$4NH_4^+ + 6HCHO = (CH_2)_6N_4H^+ + 3H^+ + 6H_2O \quad (4\text{-}15)$$

用NaOH标准溶液直接滴定反应中生成的$(CH_2)_6N_4H^+$和H^+：

$$(CH_2)_6N_4H^+ + 3H^+ + 4OH^- = (CH_2)_6N_4 + 4H_2O \quad (4\text{-}16)$$

计量点pH值约为8.7，可选酚酞作指示剂。终点时pH值约为9.0，溶液呈弱碱性。

NH_4^+与甲醛反应较慢，需放置5 min，使反应充分。

如果铵盐中含有游离酸，应以甲基红作指示剂，用NaOH溶液中和除去，或者做空白试验进行校正。

甲醛法适用于NH_4Cl、NH_4NO_3、$(NH_4)_2SO_4$等铵盐的测定，但不适用于测定NH_4HCO_3。

甲醛法也可以用于测定有机化合物中的氮，需将样品进行预处理，使其转化为铵盐后再进行测定。

三、任务专题

（1）硫酸铵称样量设计（满足0.1 mol·L^{-1} NaOH标准溶液的滴定体积消耗在20～30 mL）。

（2）硫酸铵待测液配制：减量法准确称取硫酸铵约1.6 g，溶解定容至250 mL。

（3）中性甲醛溶液：取原瓶装甲醛上层清液于烧杯中，用水稀释1倍，加2滴酚酞指示剂，用0.1 mol·L^{-1}的NaOH标准溶液滴定至甲醛溶液呈现淡粉红色。

（4）中和游离酸：移取硫酸铵溶液25.00 mL，加甲基红指示剂2滴，若溶液为红色，则用NaOH溶液滴定至橙色。

（5）硫酸铵测定：移取硫酸铵溶液25.00 mL，加5 mL中性甲醛溶液，放置反应5 min后，用NaOH滴定至溶液由红变橙，验证甲醛是否过量。

（6）计算铵盐中氮含量。

四、实验仪器和试剂

1. 仪器

分析天平（0.0001 g），碱式滴定管，容量瓶，移液管，烧杯。

2. 试剂

18%中性甲醛，0. 1 mol · L^{-1}的 NaOH 标准溶液，酚酞指示剂，甲基红指示剂，铵盐试样。

五、实验步骤

1. 18%中性甲醛溶液的制备

取原装甲醛(37%)于烧杯中，加等量水稀释，滴入 1~2 滴酚酞指示剂，用 0. 1 mol · L^{-1}的 NaOH 标准溶液滴定至甲醛溶液呈现淡粉红色。

2. 铵盐溶液的配制

用减量法准确称取 1. 6 g $(NH_4)_2SO_4$ 试样于烧杯中，加 30 mL 蒸馏水溶解，定量转移至 250 mL 容量瓶中定容，摇匀备用。

3. 铵盐中氮含量的测定

用移液管准确移取 25. 00 mL“2. 铵盐溶液的配制”中已配制的$(NH_4)_2SO_4$ 试液，于锥形瓶中，加 30 mL 蒸馏水和 2 滴甲基红指示剂，若有红色出现，表示铵盐中有游离酸，需先用 NaOH 标准溶液滴定至橙色，记录消耗 NaOH 标准溶液的体积 V_0，平行测定 3 次，数据记录见表 4-8，求出平均值。

准确移取 25. 00 mL“2. 铵盐溶液的配制”中已配制的$(NH_4)_2SO_4$ 试液于锥形瓶中，加 30 mL 蒸馏水，加入 5mL 18%的中性甲醛，放置 5 min 后，加入 1~2 滴酚酞指示剂，用 NaOH 标准溶液滴定至溶液呈微红色且 30 s 内不褪色为止，记录消耗 NaOH 标准溶液的体积 V_1，平行测定 3 次，数据同样记录于表 4-8 中，求平均值。根据式(4-17)计算试样中氮的质量分数

$$W_N = \frac{c_{NaOH}(V_1 - V_0) \cdot M_N}{m_{试样} \times 1000 \times \dfrac{25.00}{250.00}} \times 100\% \tag{4-17}$$

计算结果的相对偏差以不大于±0. 2%为宜。

六、实验数据及处理

表 4-8 铵盐中氮含量的测定

编号	1	2	3
$m_{(NH_4)_2SO_4}$/g			
NaOH 初读数/mL			
NaOH 终读数/mL			
V_0/mL			
NaOH 初读数/mL			

（续）

编号	1	2	3
NaOH 终读数/mL			
V_1/mL			
试样中氮的质量分数 W_N/%			
试样中氮的质量分数平均值 $\overline{W}_N$/%			
相对平均偏差/%			
分析结果的表示(含量)			

七、思考题

1. 本实验中测定氮含量用酚酞作指示剂，能否用甲基橙作指示剂？

2. 铵盐中氮含量的测定能否用标准碱溶液直接滴定？为什么？

3. NH_4HCO_3 中氮含量为什么不能用甲醛法测定？能否用 HCl 标准溶液直接滴定？为什么？

4. 中和铵盐中的游离酸时选用甲基红而不是酚酞作指示剂，为什么？

5. 本实验的主要误差来源有哪些？应如何减免？

实验 8　不同强度酸碱之间的滴定

一、实验目的

1. 掌握酸碱滴定的相关理论及滴定突跃范围的形成。

2. 掌握酸碱滴定中能够直接滴定和分级滴定的判定依据。

3. 学会正确选用酸碱指示剂。

二、实验原理

在酸碱滴定开始前，首先要根据解离常数判断待测酸(或碱)能否被准确滴定；其次根据滴定突跃范围选择合适的指示剂。根据酸碱滴定的基本原理可知，用强碱滴定不同强度的弱酸时，酸性越弱，突跃范围越小，当弱酸的 $cK_a^\Theta < 10^{-8}$ 时，则不能直接准确滴定，也就是说，在实际滴定中指示剂不会出现颜色的突然改变，无法准确判断滴定终点。

有些不能直接被滴定的弱酸，可以用强化法使其酸性增强，从而满足滴定条件。例如用 0.1 $mol \cdot L^{-1}$ NaOH 滴定硼酸($K_{a1}^\Theta = 7.3 \times 10^{-10}$)时，可先将硼酸与多元醇(如甘油)发生配位反应，生成较强的酸(硼酸-甘油配合酸)，其离解常数约为 10^{-6}。此时即可满足用 NaOH 进行直接滴定的条件。反应式：

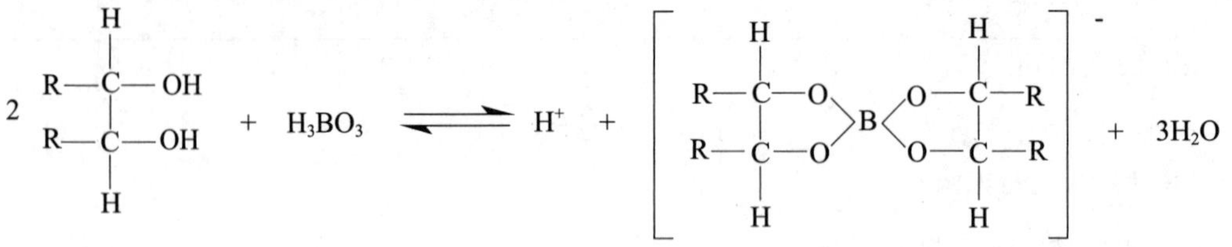

$$2 \begin{matrix} H \\ R-C-OH \\ R-C-OH \\ H \end{matrix} + H_3BO_3 \rightleftharpoons H^+ + \left[\begin{matrix} H & H \\ R-C-O & O-C-R \\ & B \\ R-C-O & O-C-R \\ H & H \end{matrix} \right]^- + 3H_2O \tag{4-18}$$

在多元酸(或碱)的滴定中，如二元酸 $H_2C_2O_4$ ($K_{a1}^{\ominus} = 5.6×10^{-2}$, $K_{a2}^{\ominus} = 6.4×10^{-5}$)，由于 $K_{a1}^{\ominus}$ 与 $K_{a2}^{\ominus}$ 的数值相差较小，到达第一化学计量点时，指示剂颜色不会突然改变，无法确定滴定终点，但 $K_{a2}^{\ominus}$ 值较大，可以用 NaOH 溶液滴定并确定终点。所以，用 NaOH 滴定 $H_2C_2O_4$ 时只有一个突跃，即直接滴至第二滴定终点。

所以，多元酸能够分级滴定的判定条件为 K_{a1} 与 K_{a2} 比值要大于 10^4。例如 H_3PO_4 ($K_{a1}^{\ominus} = 7.5×10^{-3}$, $K_{a2}^{\ominus} = 6.2×10^{-8}$, $K_{a3}^{\ominus} = 2.2×10^{-13}$)， $K_{a1}^{\ominus}/K_{a2}^{\ominus} > 10^4$，第一化学计量点有突跃；$K_{a2}^{\ominus}/K_{a3}^{\ominus} > 10^4$，第二化学计量点也有突跃；但 $K_{a3}^{\ominus} \leq 10^{-7}$，不能被准确滴定，所以 H_3PO_4 有两个突跃，可以滴至第二级离解的 H^+。

还有一种情况，用 NaOH 滴定两种混合弱酸，判定条件与多元酸判定条件相似，如 HAc 和 H_3BO_3 (浓度均为 $0.1\ mol \cdot L^{-1}$) 的混合溶液，两种酸的解离常数相差较大，$K_{aHAc}^{\ominus}/K_{a1\ H_3BO_3}^{\ominus} > 10^4$，因此，在 H_3BO_3 的存在下能够准确滴定 HAc，而 H_3BO_3 不会被滴定。滴定结束时由于溶液中有 H_3BO_3 的存在，所以与 NaOH 单独滴定 HAc 时溶液的 pH 值不同，指示剂的选择也略有差别。HAc 化学计量点的 pH 值可按下式计算：

$$pH = \lg \left(\sqrt{\frac{c(H_3BO_3) \cdot K_a^{\ominus}(HAc) \cdot K_{a1}^{\ominus}(H_3BO_3)}{c(HAc)}} \right) \tag{4-19}$$

三、任务专题

(1) 移液管移取 10.00 mL HAc 溶液放入锥形瓶，并加入 10 mL 去离子水稀释。

(2) 移液管移取 10.00 mL H_3BO_3 溶液放入锥形瓶，并加入 10 mL 水、10 mL 1∶1 甘油水溶液。

(3) 移液管移取 10.00 mL $H_2C_2O_4$ 溶液放入锥形瓶，并加入 10 mL 去离子水稀释。

(4) 移液管移取 10.00 mL H_3PO_4 溶液放入锥形瓶，并加入 10 mL 去离子水稀释。

(5) 移取 10.00 mL HAc 溶液和 10.00 mL H_3BO_3 溶液于同一锥形瓶中。

*以上每个专题加入适当的指示剂 1~2 滴，用 NaOH 标准溶液进行滴定，重复 3 次。

四、实验仪器和试剂

1. 仪器

滴定管(50 mL 2 支)，锥形瓶(250 mL 3 个)，10 mL 移液管(多支 贴好专用标签)，量筒(10 mL 1 个)。

2. 试剂

NaOH 标准溶液 c_{NaOH} = ________，HAc 溶液(约 0.1 mol · L^{-1})；

H_3BO_3 溶液(约 0.1 mol · L^{-1})，$H_2C_2O_4$ 溶液(约 0.1 mol · L^{-1})；

H_3PO_4 溶液(约 0.1 mol · L^{-1})，甘油水溶液(1 : 1)；

酚酞乙醇溶液(0.2%)，甲基橙水溶液(0.2%)；

甲基红乙醇溶液(0.2%)，百里酚蓝乙醇溶液(0.2%)；

百里酚酞乙醇溶液(0.2%)，1 : 1 的中性红乙醇(0.1%)与亚甲基蓝乙醇混合溶液(0.1%)。

五、实验步骤

1. 强碱滴定不同强度的弱酸

(1)NaOH 滴定 HAc：移液管移取 10.00 mL HAc 溶液放入锥形瓶，加去离子水 10 mL和适当的指示剂 1~2 滴，用 NaOH 标准溶液滴至终点。平行测定 3 次，计算 HAc 溶液的浓度。

(2)NaOH 直接滴定 H_3BO_3：移液管移取 10.00 mL H_3BO_3 溶液放入锥形瓶，加10 mL 去离子水、10 mL 1 : 1 甘油水溶液和 2 滴酚酞指示剂，用 NaOH 标准溶液滴定至溶液显微红色，继续加 5 mL 1 : 1 甘油水溶液，如红色消失，再用 NaOH 溶液滴定至微红色。如此反复操作，直到加入甘油后，溶液微红色不再消失为止。通常加两次甘油即可。

比较两个实验中所产生现象的差别，并解释原因。

2. 分级滴定和分别滴定

(1)NaOH 滴定 $H_2C_2O_4$：通过实验验证 $H_2C_2O_4$ 能否分级滴定，并确定能滴定到哪一级。

(2)NaOH 滴定 H_3PO_4：通过实验验证 H_3PO_4 能否分级滴定，并确定能滴定到哪一级。

比较 NaOH 滴定 $H_2C_2O_4$ 和 NaOH 滴定 H_3PO_4 中所产生的现象的差别，并解释原因。归纳总结多元酸分级滴定的判定条件。

(3)用 NaOH 滴定 HAc 和 H_3BO_3 混合溶液中的 HAc：移取 10.00 mL HAc 溶液和 10.00 mL H_3BO_3 溶液于同一锥形瓶中，加入适当的指示剂 1~2 滴，用 NaOH 标准溶液滴定至终点。记录所消耗的 NaOH 溶液的体积，并与 NaOH 滴定 HAc 实验比较，回答问题：①理论上两个实验所消耗的 NaOH 体积是否相同？②实际操作中，哪个实验消耗的 NaOH 溶液体积更多？为什么？③若两个实验都用酚酞作指示剂，会对结果产生哪些影响？

六、实验数据及处理

将 NaOH 滴定的不同强度的弱酸的相关实验数据以及处理结果填写于表 4-9~表 4-13。

表 4-9 NaOH 滴定 HAc

n	1	2	3
V_{HAc}/mL			
V_{NaOH}/mL			
c_{HAc}/mol · L^{-1}			
$\bar{c}_{HAc}$/mol · L^{-1}			

结论：

表 4-10 NaOH 滴定 H_3BO_3

n	1	2	3	现象
$V_{H_3BO_3}$/mL				
加 10 mL 1∶1 甘油				
V_{NaOH}/mL				
继续加甘油				
V_{NaOH}/mL				

结论：

表 4-11 NaOH 滴定 $H_2C_2O_4$

n	1	2	3	记录现象
$V_{H_2C_2O_4}$/mL				
V_{NaOH}/mL				
甲基橙变色				
V_{NaOH}/mL				
酚酞变色				

结论：

表 4-12 NaOH 滴定 H_3PO_4

n	1	2	3	记录现象
$V_{H_3PO_4}$/mL				
V_{NaOH}/mL				
甲基红变色				
V_{NaOH}/mL				
酚酞变色				

表 4-13　NaOH 滴定 HAc 和 H_3BO_3 混合酸中的 HAc

n	1	2	3
V_{HAc}/mL			
V_{NaOH}/mL			
c_{HAc}/mol · L^{-1}			
$\bar{c}_{HAc}$/mol · L^{-1}			

七、思考题

1. 用 0.1 mol · L^{-1}NaOH 溶液滴定 0.1 mol · $L^{-1}$$H_2C_2O_4$ 溶液时，回答以下问题：能不能分级滴定？滴定到哪一级？选择何种指示剂？

2. 如果同浓度的 NaOH 滴定同浓度的 $H_2C_2O_4$ 和 H_3PO_4，所消耗的 NaOH 溶液体积是否相同？为什么？

实验 9　非水滴定法测定水杨酸钠含量

一、实验目的

1. 掌握非水滴定的基本原理与操作。
2. 准确把握指示剂颜色变化和终点的判断。

二、实验原理

水杨酸钠是一种极弱的碱($pK_b=11.03$)，因此，它的常规水溶液不能被准确滴定。但以冰乙酸作为溶剂，碱性可大大增强，再用 $HClO_4$ 为滴定剂，则能准确滴定。乙酸的介电常数较小，ε 只有 6.13，$HClO_4$ 在 HAc 介质中主要以离子对 $H_2Ac^+\cdot ClO_4^-$形式存在，离解为 H_2Ac^+和 ClO_4^-的程度很小。它们发生的反应如下：

$$C_6H_4OHCOONa+HAc = C_6H_4OHCOOH+Ac^-+Na^+ \quad (4\text{-}20)$$

$$HClO_4+HAc = H_2Ac^+\cdot ClO_4^- \quad (4\text{-}21)$$

$$H_2Ac^+\cdot ClO_4^-+Ac^- = 2HAc+ClO_4^- \quad (4\text{-}22)$$

总反应：

$$C_6H_4OHCOONa+HClO_4 = C_6H_4OHCOOH+ClO_4^-+Na^+ \quad (4\text{-}23)$$

以结晶紫为指示剂，终点时溶液由紫色变为蓝色。滴定剂 $HClO_4$ 常用邻苯二甲酸氢钾基准物质标定，同样以结晶紫为指示剂。反应为：

$$H_2Ac^+\cdot ClO_4^-+KHC_8H_4O_4 \rightarrow H_2C_8H_4O_4+HAc+K^++ClO_4^- \quad (4\text{-}24)$$

本实验以乙酸酐-冰乙酸混合溶液为溶剂，则有公式

$$c_{HClO_4}=\frac{1000\times m_{KHC_8H_4O_4}}{(V-V_0)\cdot M_{KHC_8H_4O_4}} \quad (4\text{-}25)$$

$$W_{C_6H_4OHCOONa} = \frac{c_{HClO_4} \cdot (V - V_0) \cdot M_{C_6H_4OHCOONa}}{1000 \times m_{C_6H_4OHCOONa}} \times 100\% \qquad (4\text{-}26)$$

由于标定和测定的反应产物中有 $NaClO_4$ 和 $KClO_4$ 生成，它们在非水介质中溶解度较小，故滴定过程中随着 $HClO_4$-HAc 滴定剂不断滴入，慢慢有白色浑浊状物产生，但不影响滴定结果。

三、任务专题

(1) $HClO_4$-HAc 标准溶液的配制(约 0.1 mol·L^{-1})。

(2) $HClO_4$-HAc 标准溶液浓度的标定。

(3) 水杨酸钠含量的测定。

四、实验仪器和试剂

1. 仪器

天平(0.1 g、0.1 mg)，酸式滴定管(50.00 mL)，锥形瓶(250 mL)，移液管(25 mL)，量筒等。

2. 试剂

邻苯二甲酸氢钾(基准试剂)，冰乙酸(AR，99.8%或99%)，乙酸酐(AR)，高氯酸(72%水溶液)，结晶紫(0.2%冰乙酸溶液)，水杨酸钠(无水)等。

五、实验步骤

1. $HClO_4$-HAc 标准溶液的配制(约 0.1 mol·L^{-1})

取 72%的高氯酸 4.2 mL，缓缓加入无水冰乙酸 375 mL，混匀，在搅拌下缓缓加入 12 mL 乙酸酐冷至室温，用无水冰乙酸稀释至 500 mL，放置 24 h 使乙酸酐与溶液中的水充分反应完全。

2. $HClO_4$-HAc 标准溶液浓度的标定

准确称取 $KHC_8H_4O_4$ 基准物质 0.4~0.45 g 3 份，置于洁净的锥形瓶中加入 20 mL 无水冰乙酸使其完全溶解。冷至室温，加 2 滴结晶紫指示剂，用高氯酸的冰乙酸液滴定到紫色消失，蓝色初现且 30 s 不退色即为终点。取同样量无水冰乙酸做空白试验，从标定时所消耗的滴定剂的体积中扣除。

3. 水杨酸钠含量的测定

准确称取 0.5 g 水杨酸钠试样 3 份，于 50 mL 锥形瓶中，加入 20 mL 无水冰乙酸，温热使之溶解，冷至室温，加入结晶紫指示剂 2 滴，用 $HClO_4$-HAc 溶液滴定至溶液紫色消失，刚现蓝色为终点。记下标准溶液消耗体积。滴定结果用空白试验校正。

六、实验数据及处理

将相关实验数据以及处理结果填写于表 4-14、表 4-15。

表 4-14　0.1 mol · L^{-1} $HClO_4$-HAc 标准溶液浓度的标定

项　目	1	2	3
$m_{KHC_8H_4O_4}$			
V_{HClO_4} 终读数/mL			
$V_{0\,HClO_4}$ 初读数/mL			
$V_{HClO_4} - V_{0\,HClO_4}$ 标定/mL			
V_{HClO_4} 空白终读数/mL			
$V_{0\,HClO_4}$ 空白初读数/mL			
$V_{HClO_4} - V_{0\,HClO_4}$ 空白/mL			
ΔV/mL			
c_{HClO_4}/(mol · L^{-1})			
$\bar{c}_{HClO_4}$平均值/(mol · L^{-1})			
$\|d_i\|$			
d_r			

表 4-15　水杨酸钠含量的测定

项　目	1	2	3
$m_{KHC_8H_4O_4}$			
V_{HClO_4}终读数/mL			
$V_{0\,HClO_4}$初读数/mL			
$V_{HClO_4}-V_{0\,HClO_4}$标定/mL			
V_{HClO_4}空白终读数/mL			
$V_{0\,HClO_4}$空白初读数/mL			
$V_{HClO_4}-V_{0\,HClO_4}$空白/mL			
ΔV/mL			
$W_{C_6H_4OHCOONa}$/%			
$\overline{W}_{C_6H_4OHCOONa}$/%平均值			
$\|d_i\|$			
d_r			

七、注意事项

(1) 乙酸酐由两个乙酸分子脱一个水分子而形成，与 $HClO_4$反应时放出大量的热，配制时，不得使高氯酸与乙酸酐直接混合，而需要将 $HClO_4$ 缓缓滴入冰醋酸中，然后滴入乙酸酐。

(2)非水滴定的过程中不能带入水，所有烧杯、量筒等仪器均要干燥。

八、思考题

1. 什么时候需要用到非水酸碱滴定法？
2. $HClO_4$-HAc 滴定剂中为什么加入乙酸酐？
3. NaAc 在水溶液中与在冰 HAc 溶剂中的 pH 值是否一致？为什么？

实验 10　水硬度的测定

一、实验目的

1. 了解络合滴定法的原理及其应用。
2. 学习络合滴定法中的直接滴定法。
3. 掌握 EDTA 标准溶液的配制与标定的原理。
4. 了解络合指示剂的性质和使用条件。

二、实验原理

水的硬度指水中 Mg^{2+}、Ca^{2+} 含量。折算成 CaO 来表示，每升水中含 10 mg CaO 为 1 度(1°)。小于 4°是很软的水，4°~8°是软水，8°~16°是中等硬水，16°~32°是硬水，大于 32°是超硬水。各种用水对水的硬度有不同的要求。水硬度是水质的一项重要指标，测定水硬度有很重要的意义。测定水的硬度常采用配位滴定法，用乙二胺四乙酸二钠盐(EDTA)的标准溶液滴定水中 Ca^{2+}、Mg^{2+} 总量。在 pH>10 时，EDTA 以 Y^{4-} 形式存在，能够与金属配位生成较稳定的配合物。不同的金属离子与 EDTA 的配位能力有所差别。测定 Ca^{2+}、Mg^{2+} 总量时，以铬黑 T 为指示剂，化学计量点前 Mg^{2+} 与铬黑 T 形成红色配合物，至滴定终点，EDTA 将抢夺被铬黑 T 络合的金属离子，使铬黑 T 游离出来，显蓝色。

用 EDTA 测定 Ca^{2+}，先将 pH 值用 NaOH 调至 12，此时 Mg^{2+} 生成 $Mg(OH)_2$，此时加入钙指示剂，则生成红色配合物。EDTA 滴定 Ca^{2+}，至终点，过量一滴的 EDTA 溶液夺取与指示剂配位的 Ca^{2+}，使钙指示剂游离出来，溶液变蓝，终点到达。

水中 Al^{3+}、Fe^{3+} 等对测定有干扰作用，可加三乙醇胺或 NaF 掩蔽。

三、任务专题

(1) EDTA 标准溶液的配制和标定。

(2) 自来水 Ca^{2+}、Mg^{2+} 总硬度的测定。

(3) Ca^{2+} 含量的测定。

四、实验仪器和试剂

1. 仪器

分析天平，称量瓶，台秤，移液管(25.00 mL、50.00 mL)，滴定管(50.00 mL)，锥形瓶(250 mL)，量筒(10 mL)等。

2. 试剂

乙二胺四乙酸二钠(EDTA-2Na · $2H_2O$，AR)，碳酸钙(基准试剂)，氨-氯化铵缓冲溶液(pH = 10)，6 mol · L^{-1} NaOH 溶液，铬黑 T 指示剂，0.5%、1%钙指示剂，$MgSO_4 \cdot 7H_2O$(AR)。

铬黑 T 指示剂常用的两种配制方法：①取铬黑 T 0.1 g 与研细的 10 g 干燥 NaCl 混匀，配成固体混合剂保存在干燥器中，用时挑取少许即可；②铬黑 T 指示剂(0.5%)：铬黑 T 0.2 g 溶于三乙醇胺 15 mL，待完全溶解后，加无水乙醇 5 mL，此溶液可保存数月。

五、实验步骤

1. 0.01 mol · L^{-1}EDTA 标准溶液的配制和标定

(1)配制：在台秤上称取 0.9 g EDTA 于烧杯中，用少量水加热溶解，冷却后转入 500 mL 烧杯中加去离子水 250 mL，搅拌溶解制成溶液。

(2)标定：准确称取基准物 0.4~0.5 g $MgSO_4 \cdot 7H_2O$，去离子水溶解，转移，定容于 150 mL 的容量瓶中。移取 25.00 mL 标准溶液于 250 mL 锥形瓶中，加入 5 mL 氨性缓冲溶液，约 30 mg 铬黑 T 指示剂(约绿豆大小)，立即用待标定的 EDTA 溶液滴定至溶液由紫红色(酒红色)变为纯蓝色(紫蓝色)，即为终点。平行标定 3 次，根据式(4-27)、式(4-28)计算 EDTA 溶液的准确浓度。

$$c_{Mg^{2+}} = \frac{m_{Mg^{2+}} \times 1000}{M_{MgSO_4 \cdot 7H_2O} \cdot V} \tag{4-27}$$

$$c_{EDTA} = \frac{c_{Mg^{2+}} \cdot V_{Mg^{2+}}}{V_{EDTA}} \tag{4-28}$$

2. 自来水 Ca^{2+}、Mg^{2+}总硬度的测定

移取水样 50.00 mL 于 250 mL 锥形瓶中，加入 3 mL 1∶1 三乙醇胺(若水样中含有重金属离子，则加入 1 mL 2% Na_2S 溶液掩蔽)、5 mL 氨性缓冲溶液、30 mg 铬黑 T(EBT)指示剂，EDTA 标准溶液滴定至溶液由紫红色变为纯蓝色，即为终点 V_1。注意接近终点时应慢滴多振摇。平行测定 3 次，计算水的总硬度。

3. Ca^{2+}含量的测定

取水样 50.00 mL 于 250 mL 锥形瓶中，加入 2 mL 6 mol · L^{-1}NaOH 溶液，摇匀，再加入 30 mg 钙指示剂，摇匀后用 EDTA 标准溶液滴定至溶液由酒红色变为纯蓝色，即为终点所用溶液体积 V_2，平行滴定 3 次，计算钙硬度。由总硬度和钙硬度求出镁硬度。

六、实验数据及处理

将相关实验数据以及处理结果填写于表4-16~表4-18。

表4-16　标定EDTA溶液

$m_{(MgSO_4 \cdot 7H_2O)}=$　　　　定容体积 $V=$

项　目	1	2	3
移取体积			
$V_{Mg^{2+}}$/mL			
V_{EDTA}/mL			
c_{EDTA}/mol·L^{-1}			
$\bar{c}_{EDTA}$/mol·L^{-1}			

表4-17　测定Ca^{2+}、Mg^{2+}总硬度

项　目	1	2	3
移取水样体积/mL			
V_{1EDTA}/mL			
总硬度(CaO)/mg·L^{-1}			
总硬度平均值/°			

表4-18　测定Ca^{2+}硬度

项　目	1	2	3
移取水样体积/mL			
$V_{2\ EDTA}$/mL			
钙硬度(CaO)/°			
镁硬度(MgO)/°			
钙硬度平均值/°			
镁硬度平均值/°			

计算公式：

$$\text{总硬度(CaO)}=\frac{c_{EDTA}\cdot V_{1\ EDTA}\cdot M_{CaO}}{V_{H_2O}}\times 1000\quad \text{mg}\cdot\text{L}^{-1} \tag{4-29}$$

$$\text{钙硬度(CaO)}=\frac{c_{EDTA}\cdot V_{2\ EDTA}\cdot M_{CaO}}{V_{H_2O}}\times 1000\quad \text{mg}\cdot\text{L}^{-1} \tag{4-30}$$

$$\text{镁硬度}=\text{总硬度}-\text{钙硬度} \tag{4-31}$$

七、思考题

1. 为什么滴定Ca^{2+}、Mg^{2+}总量时要控制pH≈10，而滴定Ca^{2+}分量时要控制pH值为12~13？若pH>13时测Ca^{2+}对结果有何影响？

2. 如果只有铬黑 T 指示剂，能否测定 Ca^{2+} 的含量？如何测定？

实验 11　明矾中铝含量的测定

一、实验目的

1. 了解返滴定法的原理和方法。
2. 掌握配位滴定测定明矾的操作。
3. 了解铝盐滴定特征。

二、实验原理

明矾[$KAl(SO_4)_2 \cdot 12H_2O$]中铝含量的测定不能采用直接滴定法，因为 Al^{3+} 对二甲酚橙指示剂有封闭作用，而且 Al^{3+} 与 EDTA 络合反应缓慢。实验采用加过量 EDTA 的返滴定法。在 pH≈3.5 时，加一定量过量的 EDTA 标准溶液煮沸，由于此时酸度较大，不利于 Al^{3+} 形成多核氢氧基络合物。又因 EDTA 过量较多，故能使 Al^{3+} 与 EDTA 络合完全。络合完全后，调节溶液 pH 值至 5~6(此时 AlY 稳定，也不会重新水解析出多核络合物)，加入二甲酚橙，即可顺利地用 Zn^{2+} 标准溶液进行返滴定。该测定方法简便易行且准确度较高，符合定量分析化学实验要求。

氢氧化铝的溶度积常数 $K_{sp}=1.3\times10^{-33}$，$[Al^{3+}]=0.020\ mol\cdot L^{-1}$，则有计算式：

$$[OH^-] \leqslant \sqrt[3]{\frac{K_{sp}}{[Al^{3+}]}} = \sqrt{\frac{1.3\times10^{-33}}{0.02}} = 4.02\times10^{-11} \tag{4-32}$$

$$[H^+] \geqslant \frac{10^{-14}}{4.02\times10^{-11}} = 2.49\times10^{-4} \tag{4-33}$$

$$pH \leqslant 3.6$$

所以，调节溶液 pH 值为 3~4，煮沸几分钟，使 Al^{3+} 与 EDTA 络合反应完全。

$\lg\left(k'_{ZnY}c^{sp}_{Zn^{2+}}\right) \geqslant 5$　$c^{sp}_{Zn^{2+}} = 0.010\ mol\cdot L^{-1}$　故 $\lg k'_{ZnY} = 7$

$\lg\alpha_{Y(H)} = \lg k_{ZnY} - \lg k'_{ZnY} = 16.5 - 7 = 9.5$　查教材中表得 pH≈3.5(最高酸度)

氢氧化锌的溶度积常数 $K_{sp}=10^{-16.92}$

$[OH^-] = \sqrt{\frac{K_{sp}}{c_{Zn^{2+}}}} = \sqrt{\frac{10^{-16.92}}{0.020}} = 10^{-7.61}\ mol\cdot L^{-1}$　pH=14−7.61≈6.4(水解酸度)

所以冷却后，再调节溶液 pH 至 5~6(此时 AlY 稳定，也不会重新水解析出多核络合物)，以二甲酚橙为指示剂，用 Zn^{2+} 标准溶液滴定至溶液由黄色变为橙色：Zn+Y=ZnY，即为终点。

三、任务专题

(1) EDTA 标准溶液的配制。

(2) Zn^{2+}标准溶液的配制。

(3) EDTA 标准溶液的标定。

(4) 明矾试样中 Al 含量的测定。

四、实验仪器和试剂

1. 仪器

全自动电光分析天平，酸式滴定管(50 mL)，电子秤，容量瓶(100 mL、250 mL 各 1 个)，锥形瓶(250 mL 3 个)，烧杯(500mL)，胶头滴管，玻璃棒，量筒，移液管(25 mL)。

2. 试剂

明矾[$KAl(SO_4)_2 \cdot 12H_2O$]试样，乙二胺四乙酸二钠盐($EDTA-2Na \cdot 2H_2O$)，二甲酚橙指示剂(2 $g \cdot L^{-1}$)，六亚甲基四胺溶液(200 $g \cdot L^{-1}$)，盐酸溶液(1∶1)，含 Zn 99.9%以上的基准锌粉，pH=3.5 的缓冲溶液。

五、实验步骤

1. EDTA 标准溶液的配制

用电子秤称取约 3.72 g 固体 EDTA 二钠盐于 500 mL 的烧杯中，加入蒸馏水加热使其完全溶解，然后加水稀释至 500 mL。冷却后转入烧杯，搅拌均匀，备用。

2. Zn^{2+}标准溶液的配制

准确称取含 Zn 99.9%以上的基准锌粉 0.3~0.4 g 于小烧杯中，盖上表面皿，沿烧杯嘴滴加约 10 mL(1∶1)HCl 溶液，加热煮沸至完全溶解(防止蒸干)后，用少量水淋洗表面皿及烧杯内壁，然后将溶液定量转移至 250 mL 容量瓶中，稀释至刻度，摇匀备用。根据数据计算 Zn^{2+}标准溶液的准确浓度。

3. EDTA 标准溶液的标定

用移液管平行移取 3 份 25.00 mL Zn^{2+}标准溶液，分别置于 250mL 锥形瓶中，各滴加 2 滴二甲酚橙指示剂，加入 10 mL 20%的六亚甲基四胺溶液，用 EDTA 溶液滴定，直至锥形瓶中溶液颜色由紫红色恰好转变为亮黄色，并持续 30 s 不褪色即为终点。记录所用 EDTA 溶液的体积，并计算 EDTA 溶液的浓度。

4. 明矾试样中 Al 含量的测定

用分析天平准确称取明矾试样 0.95~1.00g 于小烧杯中，加热使其完全溶解，待冷却后将溶液定量转移至 100 mL 容量瓶中，用蒸馏水稀释至刻度，摇匀备用。

用移液管移取 25.00 mL 明矾试样标准溶液置于 250 mL 的锥形瓶中，用滴定管准确加入 EDTA 标准溶液 50.00 mL，然后加入 10 mL pH=3.5 的缓冲溶液，在酒精灯上加热煮沸近 10 min，然后放置冷却至室温。在锥形瓶中加入六亚甲基四胺 10 mL，二甲酚橙指示剂

3~4 滴，用 Zn^{2+} 标准溶液返滴定至溶液由黄色变为橙色，并持续 30 s 不褪色即为终点。

平行测定 3 份，根据所消耗的 Zn^{2+} 标准溶液的体积，计算所测明矾中铝的含量和相对平均偏差(≤0.2%)。

六、实验数据及处理

将相关实验数据以及处理结果填写于表 4-19、表 4-20。

表 4-19　EDTA 的标定

m_{Zn} =　　　　　　定容体积 V=

项目	1	2	3
移取体积			
$V_{Zn^{2+}}$/mL			
V_{EDTA}/mL			
c_{EDTA}/mol · L^{-1}			
$\bar{c}_{EDTA}$/mol · L^{-1}			

表 4-20　明矾试样中 Al 含量的测定

$m_{明矾}$ =　　　　　　定容体积 V=

项目	1	2	3
移取体积 $V_{明矾}$/mL			
V_{EDTA}/mL			
$V_{Zn^{2+}}$/mL			
c_{Al}/mol · L^{-1}			
$\bar{c}_{Al}$/mol · L^{-1}			
$\overline{W}_{Al}$/%			

滴定完毕后，计算公式为：

$$n_{Al} = n_{EDTA} - n_{Zn}$$

$$W_{Al} = \frac{c_{EDTA} \times 50.00 \times 10^{-3} - \dfrac{m_{Zn^{2+}} \cdot V_{Zn^{2+}}}{M_{Zn^{2+}} \times 250.0}}{m_{明矾}} \times M_{Al} \times 100\% \quad (4\text{-}34)$$

七、注意事项

(1)注意控制 pH 值。pH<6 时，二甲酚橙显黄色，Zn^{2+} 与二甲酚橙配合物呈紫红色，故终点颜色为橙色。

(2)注意滴定时指示剂的用量，及滴定终点颜色的正确判断。

(3)明矾溶于水后，因缓慢溶解而显浑浊，在加入过量 EDTA 并加热后，不影响滴定。

八、思考题

1. Al^{3+}不宜采用直接方式进行的原因有哪些？可以采用哪种方式？如何克服直接方式中可能存在的问题？

2. Al^{3+}测定的两个酸度范围，各需要考虑哪些因素？各采用哪种缓冲溶液？

3. 选择 Zn^{2+}为返滴定离子的优势有哪些？

4. 指示剂二甲酚橙在 EDTA 标定时终点颜色如何变化？在 Al^{3+}测定时终点颜色如何变化？为什么？

实验 12　铅–铋共存体系中 Bi^{3+}、Pb^{2+}离子的连续测定（Bi^{3+}–Pb^{2+}共存体系中 Bi^{3+}、Pb^{2+}离子的连续滴定）

一、实验目的

1. 了解酸度对 EDTA 选择性的影响。

2. 掌握用 EDTA 进行连续滴定的方法。

3. 掌握二甲酚橙指示剂的使用条件及性质。

二、实验原理

Bi^{3+}、Pb^{2+}均能与 EDTA 形成 1∶1 的稳定配合物，$\lg K$ 分别为 27.94 和 18.04。由于两者的 $\lg K$ 相差较大，可利用 EDTA 的酸效应，在不同酸度下进行分别滴定。在 $pH \approx 1$ 时可滴定 Bi^{3+}，在 $pH \approx 5 \sim 6$ 时可滴定 Pb^{2+}。

在 Bi^{3+}、Pb^{2+}混合溶液中，首先调节溶液的 $pH \approx 1$，以二甲酚橙为指示剂，Bi^{3+}与指示剂形成紫红色配合物，而 Pb^{2+}不与指示剂形成显色，用 EDTA 标准溶液滴定至溶液由紫红色变为亮黄色即为 Bi^{3+}的滴定终点，Pb^{2+}则不被滴定。

在滴定 Bi^{3+}后的溶液中，加入六亚甲基四胺溶液，调节溶液 $pH \approx 5 \sim 6$，此时 Pb^{2+}与二甲酚橙形成紫红色的配合物，溶液重新显紫红色，继续用 EDTA 标准溶液进行滴定，当溶液由紫红色变为亮黄色时，即为滴定 Pb^{2+}的终点。

三、任务专题

（1）EDTA、$MgSO_4 \cdot 7H_2O$、铅铋混合物称样量设计。

（2）0.01 $mol \cdot L^{-1}$ EDTA 标准溶液的配制：称取 EDTA 二钠盐（含二分子结晶水）1.9 g，加入 150 mL 去离子水加热溶解，冷却后转移至试剂瓶（最好为塑料），稀释至 500 mL 备用。

（3）铅、铋待测液配制：将 49 g $Bi(NO_3)_3 \cdot 5H_2O$、33 g $Pb(NO_3)_2$、312 mL HNO_3 放入烧杯中，电热板微热溶解后稀释至 1L。

(4) 0.01 mol · L^{-1} $MgSO_4 \cdot 7H_2O$ 基准溶液配制：准确称取 $MgSO_4 \cdot 7H_2O$ 基准试剂约 0.6 g，溶解定容 250 mL。

(5) 0.01 mol · L^{-1} EDTA 标准溶液标定：移取镁基准溶液 25.00 mL 于锥形瓶中，加入氨性缓冲溶液和适量铬黑 T 指示剂，用 EDTA 标准溶液滴定至酒红变蓝。

(6) Bi^{3+}、Pb^{2+} 含量测定：移取 25.00 mL Bi^{3+}、Pb^{2+} 混合溶液于锥形瓶中，加 1~2 滴二甲酚橙指示剂，用 EDTA 标准溶液滴定至溶液由紫红色变为黄色，记录 EDTA 的体积 V_1；用六亚甲基四胺溶液调 pH 值为 5~6，继续用 EDTA 标准溶液滴定，当溶液由紫红色变为黄色，记录 EDTA 的体积 V_2。

(7) Bi^{3+}、Pb^{2+} 含量计算。

四、实验仪器和试剂

1. 仪器

分析天平(0.0001 g)，台称，容量瓶，移液管，滴定管，电热板。

2. 试剂

EDTA 二钠盐(AR)，$MgSO_4 \cdot 7H_2O$(AR)，Bi^{3+}、Pb^{2+} 混合溶液，铬黑 T(2 g · L^{-1})，六亚甲基四胺溶液(200 g · L^{-1})，HNO_3 溶液(约 6 mol · L^{-1})，NH_4Cl-NH_3 缓冲溶液(pH=10)，二甲酚橙指示剂。

五、实验步骤

1. 0.01 mol · L^{-1} EDTA 标准溶液的标定

准确称取基准物质 $MgSO_4 \cdot 7H_2O$ 0.6~0.7 g 于 100 mL 烧杯中，加适量蒸馏水溶解，将溶液定量转移至 250 mL 容量瓶中，定容，摇匀。

准确移取上述溶液 25.00 mL 于 250 mL 锥形瓶中，加蒸馏水 30 mL、缓冲溶液 10 mL、铬黑 T 指示剂约 0.1 g(至溶液透明清亮)，摇匀，用 EDTA 标准溶液滴定至溶液由酒红色变为纯蓝色即为终点，平行测定 3 次，数据见表 4-21，采用式(4-35)计算 EDTA 标准溶液浓度，并计算 3 次标定结果的相对偏差，各次相对偏差以不大于±0.2%为宜。

$$c_{EDTA} = \frac{m_{MgSO_4 \cdot 7H_2O} \times \dfrac{25.00}{250.0} \times 1000}{V_{EDTA} \cdot M_{MgSO_4 \cdot 7H_2O}} \tag{4-35}$$

2. Bi^{3+}、Pb^{2+} 混合溶液的连续滴定

准确移取 25.00 mL Bi^{3+}、Pb^{2+} 混合溶液于 250 mL 锥形瓶中，加 1~2 滴二甲酚橙指示剂，用上述 EDTA 标准溶液滴定至溶液由紫红色变为黄色，平行测定 3 次，记录 EDTA 的体积 V_1，数据见表 4-22，计算 Bi^{3+}、Pb^{2+} 混合溶液 Bi^{3+} 的含量(g · L^{-1})。

向滴定 Bi^{3+} 后的溶液中滴加六亚甲基四胺溶液至呈现稳定紫红色，再多加 5 mL，此时溶液的 pH 值为 5~6。继续用 EDTA 标准溶液滴定，当溶液由紫红色变为黄色，即

为滴定 Pb^{2+}的终点，平行测定 3 次，记录 EDTA 的体积，数据见表 4-23，计算 Bi^{3+}、Pb^{2+}混合溶液 Pb^{2+}的含量($g \cdot L^{-1}$)。

六、实验数据及处理

表 4-21 EDTA 标准溶液的标定

编号	1	2	3
$m_{MgSO_4 \cdot 7H_2O}$/g			
EDTA 初读数/mL			
EDTA 终读数/mL			
V_{EDTA}/mL			
c_{EDTA}/$mol \cdot L^{-1}$			
$\bar{c}_{EDTA}$/$mol \cdot L^{-1}$			
相对平均偏差/%			
分析结果的表示(含量)			

表 4-22 Bi^{3+}、Pb^{2+}混合溶液的测定(Bi^{3+}的滴定)

编号	1	2	3
EDTA 初读数/mL			
EDTA 终读数/mL			
$V_{1\ EDTA}$/mL(滴定 Bi^{3+})			
$c_{Bi^{3+}}$/$g \cdot L^{-1}$			
$\bar{c}_{Bi^{3+}}$/$g \cdot L^{-1}$			
相对平均偏差/%			
分析结果的表示(含量)			

表 4-23 Bi^{3+}、Pb^{2+}混合溶液的测定(Pb^{2+}的滴定)

编号	1	2	3
EDTA 初读数/mL			
EDTA 终读数/mL			
$V_{2\ EDTA}$/mL(滴定 Pb^{2+})			
$c_{Pb^{2+}}$/$g \cdot L^{-1}$			
$\bar{c}_{Pb^{2+}}$/$g \cdot L^{-1}$			
相对平均偏差/%			
分析结果的表示(含量)			

七、思考题

1. 描述连续滴定 Bi^{3+}、Pb^{2+}过程中，锥形瓶中颜色变化的情形，并说明颜色变化的原因。

2. 本实验中能否先在 pH 值为 5~6 的溶液中滴定 Pb^{2+}，然后调节溶液 pH≈1 再滴定 Bi^{3+}？

3. Bi^{3+}、Pb^{2+}连续滴定时，为什么用二甲酚橙指示剂？可以用铬黑 T 吗？

4. 用六亚甲基四胺调节溶液 pH 值为 5~6，而不用 NaOH、NaAc 或 $NH_3 \cdot H_2O$，为什么？

实验 13　铁矿中全铁含量的测定

一、实验目的

1. 掌握铁矿石预处理的方法。
2. 学习 $K_2Cr_2O_7$法测定铁矿中铁的原理和操作步骤。
3. 了解无汞定铁法，加强环保意识。
4. 熟悉二苯胺磺酸钠指示剂的作用原理。

二、实验原理

铁矿石的种类很多，用于炼铁的主要有磁铁矿(Fe_3O_4)、赤铁矿(Fe_2O_3)和菱铁矿($FeCO_3$)等。测定铁矿石中铁含量时，常将铁矿石试样用 HCl 溶液溶解，其中的铁转化成 Fe^{3+}，因此，需用还原剂将其还原，方可用 $K_2Cr_2O_7$标准溶液滴定。在强酸性条件下，Fe^{3+}可被 $SnCl_2$还原为 Fe^{2+}，Sn^{2+}将 Fe^{3+}还原完后，甲基橙也可被 Sn^{2+}还原成氢化甲基橙而褪色，通过甲基橙可指示 Fe^{3+}还原终点。Sn^{2+}继续使氢化甲基橙还原成 *N*,*N*-二甲基对苯二胺和对氨基苯磺酸钠，如反应式(4-36)、式(4-37)。

$$(CH_3)_2NC_6H_4N{=}NC_6H_4SO_3Na+2e^-+2H^+ = (CH_3)_2NC_6H_4NH{-}NHC_6H_4SO_3Na \tag{4-36}$$

$$(CH_3)_2NC_6H_4NH{-}NHC_6H_4SO_3Na+2e^-+2H^+ = (CH_3)_2NC_6H_4NH_2+NH_2C_6H_4SO_3Na \tag{4-37}$$

由此，稍过量的 Sn^{2+}也被消除。由于这些反应是不可逆的，因此甲基橙的还原产物不消耗 $K_2Cr_2O_7$。

反应在 HCl 介质中进行，还原 Fe^{3+}时，HCl 浓度以 4 $mol \cdot L^{-1}$左右为宜。HCl 浓度大于 6 $mol \cdot L^{-1}$时，Sn^{2+}则先还原甲基橙为无色，使其无法指示 Fe^{3+}的还原，同时 Cl^-浓度过高也可能消耗 $K_2Cr_2O_7$；HCl 浓度低于 2 $mol \cdot L^{-1}$，则甲基橙褪色缓慢。

预处理反应完成后，以二苯胺磺酸钠为指示剂，用 $K_2Cr_2O_7$ 标准溶液滴定至溶液呈紫色即为终点，主要反应式为：

$$2FeCl_4^- + SnCl_4^{2-} + 2Cl^- \longrightarrow 2FeCl_4^{2-} + SnCl_6^{2-} \quad (4\text{-}38)$$

$$6Fe^{2+} + Cr_2O_7^{2-} + 14H^+ \longrightarrow 6Fe^{3+} + 2Cr^{3+} + 7H_2O \quad (4\text{-}39)$$

在溶液中加入 H_3PO_4，H_3PO_4 与 Fe^{3+} 生成无色的 $Fe(HPO_4)_2^-$ 配离子，可掩蔽 Fe^{3+}，消除滴定过程中生成的 Fe^{3+} 黄色对滴定终点观察的影响。同时由于 $Fe(HPO_4)_2^-$ 的生成，使 Fe^{3+}/Fe^{2+} 电对的条件电极电势降低，滴定突跃范围增大，指示剂二苯胺磺酸钠（φ^θ = 0.85 V）可在突跃范围内变色，能清晰正确地指示终点。

Cu^{2+}、As(Ⅴ)、Ti(Ⅳ)、Mo(Ⅵ)等离子存在时，可被 $SnCl_2$ 还原，同时又能被 $K_2Cr_2O_7$ 氧化，Sb(Ⅴ)和 Sb(Ⅲ)也干扰铁的测定。

三、任务专题

(1)重铬酸钾、铁矿石、$SnCl_2$ 称样量设计以及磷硫混酸（磷酸+硫酸）用量设计。

(2) $c_{\frac{1}{6}K_2Cr_2O_7} = 0.1\ mol \cdot L^{-1}$ $K_2Cr_2O_7$ 标准溶液的配制：准确称取 150～180℃烘干 2 h 的 $K_2Cr_2O_7$ 0.6～0.7 g，蒸馏水溶解定容至 250 mL，计算 $K_2Cr_2O_7$ 标准溶液的浓度。

(3)铁矿石试样预处理：准确称取铁矿石试样 1.0～1.5 g 于 250 mL 烧杯中，用少量蒸馏水润湿后，加 20 mL 浓 HCl 溶液，盖上表面皿，电热板上加热 20～30 min，保持微沸（如有带色不溶残渣，滴加 100 g·L^{-1} $SnCl_2$ 溶液 20～30 滴，使试样分解完全，此时剩余残渣应为白色或近于白色的 SiO_2），用少量蒸馏水吹洗表面皿及烧杯内壁，冷却后溶解定容至 250 mL。

(4) $SnCl_2$ 溶液（100 g·L^{-1}）：称取 10 g $SnCl_2 \cdot 2H_2O$ 溶于 40 mL 浓热 HCl 溶液中，加蒸馏水稀释至 100 mL。

(5) $SnCl_2$ 溶液（50 g·L^{-1}）：将(4)的溶液稀释 1 倍。

(6)磷硫混酸：将 200 mL 浓硫酸在搅拌下缓慢加入 500 mL 蒸馏水中，冷却后加入 300 mL H_3PO_4，混匀。

(7)铁含量测定：准确移取铁矿试样溶液 25.00 mL 于三角瓶中，加 8 mL 浓 HCl 溶液，加热近沸，加入 6 滴甲基橙，边摇边缓慢滴加 100 g·L^{-1} $SnCl_2$ 溶液至溶液由橙红色变为红色，再缓慢滴加 50 g·L^{-1} $SnCl_2$ 溶液至溶液变为淡粉色；流水冷却锥形瓶后，加 50 mL 蒸馏水、20 mL 磷硫混酸、4 滴二苯胺磺酸钠指示剂后，立即用 $K_2Cr_2O_7$ 标准溶液滴定至紫红色。

(8)计算铁矿石中铁的含量。

四、实验仪器和试剂

1. 仪器

分析天平(0.0001 g)，移液管，容量瓶，锥形瓶，酸式滴定管，烧杯，量筒，试剂瓶，表面皿。

2. 试剂

浓 HCl(AR，密度 1.19 g·mL^{-1}，质量分数 36.5 %，物质的量浓度 11.9 mol·L^{-1})，100 g·L^{-1} $SnCl_2$溶液，50 g·L^{-1} $SnCl_2$溶液，磷硫混酸，1 g·L^{-1}甲基橙水溶液，2 g·L^{-1}二苯胺磺酸钠水溶液，$K_2Cr_2O_7$(AR)。

五、实验步骤

(1) $c_{\frac{1}{6}K_2Cr_2O_7}$ = 0.1 mol·L^{-1} $K_2Cr_2O_7$标准溶液的配制：准确称取于 150~180 ℃烘干 2 h的 $K_2Cr_2O_7$ 0.6~0.7 g 于小烧杯中，加蒸馏水约 70 mL 使之完全溶解后转移到 250 mL 容量瓶，回收溶质 3~5 次后，蒸馏水溶解定容 250 mL，计算 $K_2Cr_2O_7$标准溶液的浓度。

(2)准确称取铁矿石试样 1.0~1.5 g 于 250 mL 烧杯中，用少量蒸馏水润湿后，加 20 mL 浓 HCl 溶液，盖上表面皿，在电热板上加热 20~30 min，保持微沸。如有带色不溶残渣，可滴加 100 g·L^{-1} $SnCl_2$溶液 20~30 滴，利于溶解，试样分解完全时，剩余残渣应为白色或近于白色(SiO_2)，此时用少量蒸馏水吹洗表面皿及烧杯内壁，冷却后将溶液转移至 250 mL 容量瓶中，定容，摇匀。

(3)准确移取已处理完毕的试样溶液 25.00 mL 于 250 mL 锥形瓶中，加 8 mL 浓 HCl 溶液，加热近沸，加入 6 滴 1 g·L^{-1}甲基橙，边摇边缓慢滴加 100 g·$L^{-1}$$SnCl_2$溶液，还原 Fe^{3+}，溶液由橙红色变为红色，再缓慢滴加 50 g·$L^{-1}$$SnCl_2$溶液至溶液变为淡红色，如果摇动后粉色褪去，说明 $SnCl_2$过量，可补加 1 滴 1 g·L^{-1}甲基橙，以除去稍微过量的 $SnCl_2$，此时溶液呈浅粉色最好，不影响滴定终点，$SnCl_2$不能过量。迅速用流水冷却，加 50 mL 蒸馏水、20 mL 磷硫混酸、4 滴 2 g·L^{-1}二苯胺磺酸钠，立即用 $K_2Cr_2O_7$标准溶液滴定至出现稳定的紫红色，平行 3 次。

六、实验数据及处理

实验数据及数据处理见表 4-24。计算铁矿石中铁含量及 3 次测定结果的相对偏差，各次相对偏差以不大于±0.2%为宜。

表 4-24　铁矿石中铁含量的测定

项　目	1	2	3
$m_{试样}$/g			
$K_2Cr_2O_7$初读数/mL			
$K_2Cr_2O_7$终读数/mL			
$V_{K_2Cr_2O_7}$ /mL			
W_{Fe}/%			
$\overline{W}_{Fe}$ /%			
相对平均偏差/%			
分析结果的表示(含量)			

七、思考题

1. 如何配制 $K_2Cr_2O_7$标准溶液？

2. 本实验中甲基橙的作用？

3. $K_2Cr_2O_7$测定铁矿石中的铁时，加入磷硫混酸的作用是什么？

4. 铁矿石中铁含量测定时，写出用 $HgCl_2$除去多余 $SnCl_2$的反应式，并说明对环境的污染。

实验 14　胆矾中铜含量的测定

一、实验目的

1. 掌握间接碘量法测定胆矾中铜含量的原理及方法。

2. 了解实验过程误差的控制方法。

3. 氧化还原反应的机理及 $Na_2S_2O_3$溶液配制。

二、实验原理

胆矾($CuSO_4 \cdot 5H_2O$)是农药波尔多液的主要原料。它的铜含量常用间接碘量法测定，在微酸条件下 Cu^{2+}与过量 I^-发生如下反应：

$$2Cu^{2+}+4I^- = 2CuI+I_2 \tag{4-40}$$

$$I_2+I^- = I_3^- \tag{4-41}$$

生成的 I_2用 $Na_2S_2O_3$标准溶液滴定，以淀粉为指示剂，滴定至溶液的蓝色刚好消失即为终点，有反应式(4-42)，由此计算出样品中铜的含量。

$$I_2+2S_2O_3^{2-} = 2I^-+S_4O_6^{2-} \tag{4-42}$$

Cu^{2+}与 I^-的反应是可逆的，为使 Cu^{2+}还原趋于完全，必须加入过量的 KI，这样也有效避免了 I_2的挥发。由于 CuI 沉淀强烈吸附 I_3^-，致使分析结果偏低，为了减少 CuI 沉淀对 I_3^-的吸附，可在大部分 I_2被 $Na_2S_2O_3$溶液滴定后，再加入 KSCN，如反应式(4-43)，使 CuI($K_{sp}=5.06\times10^{-12}$)转化为溶解度更小的 CuSCN($K_{sp}=4.8\times10^{-15}$)。

$$CuI+SCN^- = CuSCN\downarrow+I^- \tag{4-43}$$

CuSCN 对 I_3^-的吸附较小，因而可提高测定结果的准确度。KSCN 只能在接近终点时加入，有反应式(4-44)，否则 SCN^-可能直接还原 Cu^{2+}而使结果偏低。

$$6Cu^{2+}+7SCN^-+4H_2O = 6CuSCN\downarrow+SO_4^{2-}+HCN+7H^+ \tag{4-44}$$

为了防止 Cu^{2+}的水解及满足碘量法的要求，反应必须在微酸性介质中进行(pH=3~4)。酸度过低，金属离子容易水解；酸度过高，I^-易被空气中的氧氧化。控制溶液的酸度常

用 H_2SO_4 或 HAc，而不用 HCl，因 Cu^{2+} 易与 Cl^- 生成 $CuCl_4^{2-}$ 配离子不利于测定。若试样中含有 Fe^{3+}，需要消除干扰，因发生反应：

$$2Fe^{3+}+2I^- = 2Fe^{2+}+I_2 \tag{4-45}$$

使结果偏高，可加入 NaF 或 NH_4F，将 Fe^{3+} 掩蔽为 FeF_6^{3-}。

三、任务专题

(1) EDTA 标准溶液的配制。

(2) Zn^{2+} 标准溶液的配制。

(3) EDTA 标准溶液的标定。

(4) 明矾试样中 Al 含量的测定。

四、实验仪器和试剂

1. 仪器

酸碱两用滴定管，锥形瓶(250 mL)，烧杯(100 mL)，量筒(20 mL 4 个)，量筒(100 mL 1 个)，棕色试剂瓶(500 mL 1 个)，分析天平。

2. 试剂

$Na_2S_2O_3 \cdot 5H_2O$ 固体，$KBrO_3$ 固体(AR)，Na_2CO_3 固体，0.1000 mol·L^{-1} $K_2Cr_2O_7$ 标准溶液，3 mol·L^{-1} H_2SO_4 溶液，0.5%淀粉溶液，10% KI 溶液，2 mol·L^{-1} HCl 溶液，10% KSCN 溶液，饱和 NaF 溶液，胆矾铜固体。

五、实验步骤

1. 0.1 mol·L^{-1} $Na_2S_2O_3$ 标准溶液的配制

称取 12.5 g $Na_2S_2O_3 \cdot 5H_2O$ 放于烧杯中，用新煮沸并冷却的去离子水(为什么?)溶解，然后加入 0.1 g Na_2CO_3，再用去离子水稀释冷却至 500 mL，放入棕色试剂瓶中，于暗处放置一周后标定。

2. $Na_2S_2O_3$ 标准溶液的标定

准确称取已烘干(120℃下烘干 1~2 h)的 $KBrO_3$ 0.4~0.5 g，在烧杯中溶解，然后定容于 150.00 mL 的容量瓶中。移取 25.00 mL $KBrO_3$ 溶液入 250 mL 的碘量瓶(为什么?)，用量筒加 15 mL 10% KI 溶液和 5 mL 3 mol·L^{-1} H_2SO_4，充分摇匀后塞好塞子，放在暗处 5 min，然后用 50 mL 蒸馏水稀释，用 0.1 mol·L^{-1} $Na_2S_2O_3$ 溶液滴定到呈浅黄绿色，然后加入 0.5%淀粉溶液 5 mL，继续滴定到蓝色消失即为终点。根据所取 $KBrO_3$ 的体积、浓度及滴定中消耗 $Na_2S_2O_3$ 溶液的体积，按式(4-46)计算 $Na_2S_2O_3$ 溶液准确浓度。平行测定 3 次。

$$c_{Na_2S_2O_3} = \frac{m_{KBrO_3} \times \dfrac{25.00}{150.00}}{M_{\frac{1}{6}KBrO_3} \cdot V_{Na_2S_2O_3} \times 10^{-3}} \tag{4-46}$$

3. 胆矾中 Cu 的测定

准确称取胆矾试样 0. 5~0. 6 g 置于 250 mL 锥形瓶中，加入 3 mL 3mol · L^{-1} H_2SO_4 溶液及 100 mL 蒸馏水，样品溶解后，加入 10 mL 饱和 NaF 溶液(若不含 Fe^{3+}，则不加入)和 10 mL 10% KI 溶液，摇匀后立即用 $Na_2S_2O_3$标准溶液滴定至浅黄色(接近终点)。然后加入 2 mL 0. 5%的淀粉溶液，继续滴定到呈浅蓝色(更接近终点)，再加入 10 mL 10% KSCN 溶液，摇匀，溶液的蓝色转深，再继续用 $Na_2S_2O_3$标准溶液滴定至蓝色刚好消失为止，此时溶液呈米白色 CuSCN 悬浊液，记录所耗 $Na_2S_2O_3$的体积，按式(4-47)计算 Cu 含量。平行测定 3 次。

$$W_{Cu} = \frac{c_{Na_2S_2O_3} \cdot V_{Na_2S_2O_3} \times 10^{-3} \times M_{Cu}}{m_s} \times 100\% \tag{4-47}$$

六、实验数据及处理

将相关实验数据以及处理结果填写于表 4-25 和表 4-26 中。

表 4-25　$Na_2S_2O_3$标准溶液的标定

平行实验次数	1	2	3
V_{KBrO_3}/mL			
V_{KI}/mL			
$V_{H_2SO_4}$/mL			
V_{H_2O}/mL			
$V_{Na_2S_2O_3}$/mL			
$c_{Na_2S_2O_3}$/mol · L^{-1}			
$\bar{c}_{Na_2S_2O_3}$/mol · L^{-1}			

表 4-26　胆矾中铜含量的测定

平行实验次数	1	2	3
$m_{CuSO_4 \cdot 5H_2O}$/g			
$V_{H_2SO_4}$/mL			
V_{NaF}/mL			
V_{KSCN}/mL			
$V_{Na_2S_2O_3}$/mL			
W_{Cu}/%			
$\overline{W}_{Cu}$/%			

七、思考题

1. 硫酸铜易溶于水，溶解时为什么要加硫酸？

2. 测定铜含量时，KI 为何要过量？是否要求很准确？KSCN 的作用是什么？为什么只能在临近终点前才能加入 KSCN？

3. 滴定反应为什么一定要在弱酸性溶液中进行？

实验 15　碘量法测定葡萄糖含量

一、实验目的

1. 掌握碘液的配制与保存。

2. 掌握间接碘量法测定葡萄糖的原理与方法。

二、实验原理

I_2与 NaOH 作用可以生成次碘酸钠(NaIO)，葡萄糖($C_6H_{12}O_6$)能定量地被次碘酸钠(NaIO)氧化成葡萄糖酸($C_6H_{12}O_7$)。在酸性条件下，未与葡萄糖反应的次碘酸钠可再次析出 I_2。用 $Na_2S_2O_3$标准溶液滴定所剩 I_2，便可计算出葡萄糖所消耗的碘含量，以此计算出葡萄糖的含量。反应式如下：

I_2与 NaOH 反应：

$$I_2+2NaOH = NaIO+NaI+H_2O \tag{4-48}$$

葡萄糖与 NaIO 的反应：

$$C_6H_{12}O_6+NaIO = C_6H_{12}O_7+NaI \tag{4-49}$$

上述两式总反应式为：

$$C_6H_{12}O_6+I_2+2NaOH = C_6H_{12}O_7+NaI+H_2O \tag{4-50}$$

葡萄糖反应完全后，剩下未作用的 NaIO 在碱性条件下发生歧化反应：

$$3NaIO = NaIO_3+2NaI \tag{4-51}$$

调解 pH 值至酸性后：

$$5NaI+6HCl+NaIO = 3I_2+6NaCl+3H_2O \tag{4-52}$$

用标准 $Na_2S_2O_3$滴定生成的零价 I_2，有反应：

$$I_2+2Na_2S_2O_3 = Na_2S_4O_6+2NaI \tag{4-53}$$

根据所加入的碘标准溶液的物质的量和滴定所消耗的标准 $Na_2S_2O_3$，以及上述反应的各个计量关系，便可以计算出葡萄糖的含量。

三、任务专题

(1) $Na_2S_2O_3$标准溶液的标定。

(2) I_2溶液的标定。

(3)葡萄糖含量的测定。

四、实验仪器和试剂

1. 仪器

酸碱两用滴定管(50.00 mL 1 支),移液管(25.00 mL 2 支),烧杯(100 mL 1 个),量筒(若干),锥形瓶(3 个),棕色试剂瓶(1 个)。

2. 试剂

2 mol · L^{-1} HCl 溶液,0.2 mol · L^{-1} NaOH 溶液,0.05 mol · L^{-1}标准 $Na_2S_2O_3$溶液(称取 3 g $Na_2S_2O_3 \cdot 5H_2O$ 固体于棕色试剂瓶,加入煮沸后冷却的去离子水 250 mL,加入 0.1 g Na_2CO_3,于暗处放置一周使用),0.05 mol · L^{-1} I_2溶液(称取 3.2 g I_2于小烧杯中,加入 6 g KI,先用 30 mL 溶解,待完全溶解后,定容于 250 mL 容量瓶,摇匀,放置于暗处),0.5%淀粉水溶液,KI 固体(AR),10%KI 溶液,3 mol · L^{-1} H_2SO_4硫酸,葡萄糖注射液。

五、实验步骤

1. $Na_2S_2O_3$标准溶液的标定

准确称取已烘干的 $KBrO_3$ 0.4~0.5 g,在烧杯中溶解,然后定容于 150.00 mL 的容量瓶中。移取 25.00 mL $KBrO_3$溶液入 250 mL 的碘量瓶,用量筒加 15 mL 10%KI 溶液和 5 mL 3 mol · L^{-1} H_2SO_4,充分摇匀后塞好塞子,放在暗处 5 min,然后用 50 mL 蒸馏水稀释,用 0.05 mol · L^{-1} $Na_2S_2O_3$溶液滴定到呈浅黄绿色,然后加入 0.5%淀粉溶液 5 mL,继续滴定到蓝色消失即为终点。根据所取的 $KBrO_3$的体积、浓度及滴定中消耗 $Na_2S_2O_3$溶液的体积,按式(4-54)计算 $Na_2S_2O_3$溶液准确浓度。平行测定 3 次。

$$c_{Na_2S_2O_3} = \frac{m_{KBrO_3} \times \dfrac{25.00}{150.00}}{M_{\frac{1}{6}KBrO_3} \cdot V_{Na_2S_2O_3} \times 10^{-3}} \tag{4-54}$$

2. I_2溶液的标定

移取 25.00 mL I_2溶液于 250 mL 锥形瓶中,加 50 mL 蒸馏水稀释,用已标定好的 $Na_2S_2O_3$溶液滴定至浅黄色,加入 2 mL 淀粉溶液,继续滴定至蓝色恰好消失,即为终点,平行滴定 3 次,按式(4-55)计算出 I_2溶液的浓度。

$$c_{I_2} = \frac{c_{Na_2S_2O_3} \cdot V_{Na_2S_2O_3}}{2V_{I_2}} \quad mol \cdot L^{-1} \tag{4-55}$$

3. 葡萄糖含量的测定

移取 25.00 mL 的葡萄糖试液于 250 mL 碘量瓶,准确加入 25.00 mL I_2标准溶液。一边摇动,一边缓慢加入 0.2 mol · L^{-1} NaOH 溶液,直至溶液呈淡黄色。将碘量瓶加塞放置 10~15 min 后,加入 2 mL 6 mol · L^{-1} HCl,使成酸性,立即用标准 $Na_2S_2O_3$滴定至溶液呈浅黄色，加入 2 mL 淀粉指示剂，继续滴定至蓝色消失即为终点，按式(4-56)计算出葡萄糖的含量。平行测定 3 次。

$$\rho_{C_6H_{12}O_6}=\frac{[c_{I_2}\cdot V_{I_2}-c_{Na_2S_2O_3}\cdot V_{Na_2S_2O_3}]\times M_{C_6H_{12}O_6}}{V_{C_6H_{12}O_6}}\quad g\cdot L^{-1} \tag{4-56}$$

六、实验数据及处理

将相关实验数据以及处理结果填写于表 4-27～表 4-29。

表 4-27　$Na_2S_2O_3$标准溶液的标定

平行试验次数	1	2	3
V_{KBrO_3}/mL			
V_{KI}/mL			
$V_{H_2SO_4}$/mL			
V_{H_2O}/mL			
$V_{Na_2S_2O_3}$/mL			
$c_{Na_2S_2O_3}$/mol · L^{-1}			
$\bar{c}_{Na_2S_2O_3}$/mol · L^{-1}			

表 4-28　I_2溶液的标定

平行试验次数	1	2	3
V_{I_2}/mL			
滴定初读数 $V_{0\ Na_2S_2O_3}$/mL			
滴定末读数 $V_{1\ Na_2S_2O_3}$/mL			
$V_1-V_{0\ Na_2S_2O_3}$/mL			
c_{I_2}/mol · L^{-1}			
$\bar{c}_{I_2}$/mol · L^{-1}			

表 4-29　葡萄糖的含量

平行试验次数	1	2	3
滴定初读数 $V_{0\ Na_2S_2O_3}$/mL			
滴定末读数 $V_{1\ Na_2S_2O_3}$/mL			
$V_1-V_{0\ Na_2S_2O_3}$/mL			
$\rho_{C_6H_{12}O_6}$/g · L^{-1}			
相对平均偏差			
标准偏差			
$\bar{\rho}_{C_6H_{12}O_6}$/g · L^{-1}			

七、思考题

1. 配制 I_2 标准溶液为何先用少量水溶解后再稀释至所需体积？
2. 碘量法产生误差的主要原因有哪些？如何避免？
3. 葡萄糖含量测定中，若加入 NaOH 速度过快，会产生什么后果？

实验 16　铜合金中铜含量的测定

一、实验目的

1. 掌握 $Na_2S_2O_3$ 溶液的配制及标定要点。
2. 了解淀粉指示剂的作用原理。
3. 了解间接碘量法测定铜的原理。
4. 学习铜合金试样的分解方法。
5. 掌握以碘量法测定铜的操作过程。

二、实验原理

铜合金种类很多，主要有黄铜和各种青铜。铜合金中铜的测定一般用碘量法。

将待测样品处理成试样溶液，在弱酸溶液中，Cu^{2+} 与过量的 KI 作用，生成 CuI 沉淀，同时释放出定量的 I_2，再以淀粉为指示剂，用 $Na_2S_2O_3$ 标准溶液滴定。主要反应如下：

$$2Cu^{2+}+4I^{-} = 2CuI+I_2 \tag{4-57}$$

$$I_2+2S_2O_3^{2-} = 2I^{-}+S_4O_6^{2-} \tag{4-58}$$

I_2 在水中溶解度很小，但是 I_2 与 I^- 络合生成 I_3^-，I_2 溶解度增大，同时 I_3^- 很容易分解生成碘单质，所以可以看成碘单质溶液。

CuI 沉淀强烈吸附 I_3^-，而被 CuI 吸附的 I_3^- 难于被 $Na_2S_2O_3$ 滴定，导致测定结果偏低。通常的办法是在接近终点时加入硫氰酸盐，将 CuI（$K_{sp}=1.1\times10^{-12}$）转化为溶解度更小的 CuSCN 沉淀（$K_{sp}=1.1\times10^{-15}$），把吸附的碘释放出来，使反应更为完全，其反应如下：

$$CuI+SCN^{-} = CuSCN+I^{-} \tag{4-59}$$

Fe^{3+} 能氧化 I^-，对测定有干扰，但可加入 NH_4HF_2 掩蔽。NH_4HF_2（即 NH_4F+HF）是一种很好的缓冲溶液，因 HF 的 $K_a=6.6\times10^{-4}$，故能使溶液的 pH 值控制在 3.0～4.0 之间。

三、任务专题

(1) $Na_2S_2O_3$、单质铜、铜合金的称样量设计。

(2)配制 $Na_2S_2O_3$溶液：6.3 g $Na_2S_2O_3$与 0.1 g Na_2CO_3用二次蒸馏水溶解后，转移到棕色试剂瓶中配制得到 250 mL 溶液于暗处放置一周。

(3)配制铜标液：纯铜 1.6 g 左右用 1+1 HCl 和 30 % H_2O_2分解，脱除 H_2O_2，定容至 250 mL。

(4)待测铜样溶液的制备：准确称取 2.0~2.5 g 铜合金，其他同铜标液的配制。

(5) $Na_2S_2O_3$溶液的标定：移取 25.00 mL 铜标液，加氨水沉淀，加 HAc 调酸度，加 F^-掩蔽铁后加入 KI，用 $Na_2S_2O_3$滴至浅黄，加淀粉，滴至浅蓝，加 KSCN，继续滴定至蓝色褪去。

(6)计算 $Na_2S_2O_3$溶液浓度。

(7)待测铜样的测定：移取待测铜样 25.00 mL 于锥形瓶中，其他同 $Na_2S_2O_3$溶液标定。

(8)计算待测铜样中的铜含量。

四、实验仪器和试剂

1. 仪器

分析天平，台秤，碱式滴定管，移液管，量筒，容量瓶。

2. 试剂

200 g · L^{-1} KI，0.1 mol · L^{-1} $Na_2S_2O_3$，5 g · L^{-1}淀粉溶液，10% KSCN 溶液，30% H_2O_2(原装)，99.9%纯铜，1+1 HCl，200 g · L^{-1} NH_4HF_2，1+1 HAc，1+1 $NH_3 \cdot H_2O$，铜合金(黄铜)。

五、实验步骤

1. $Na_2S_2O_3$溶液的标定

准确称取 1.5~2.0 g 纯铜于 250 mL 烧杯中，加入 20 mL 1+1 HCl 溶液，在摇动条件下滴加 5~6 mL 30%的 H_2O_2至金属铜分解完全。加热，将多余的 H_2O_2分解除尽(加热时开始冒小气泡，然后冒大气泡，表示 H_2O_2已经赶尽)，然后定量转入 250 mL 容量瓶中，加蒸馏水稀释至刻度线，摇匀。

准确移取纯铜溶液 25.00 mL 于 250 mL 锥形瓶中，滴加 1+1 $NH_3 \cdot H_2O$ 至刚好产生沉淀后，加入 1+1 HAc，10 mL 200 g · L^{-1} NH_4HF_2，10 mL 200 g · L^{-1} KI，立即用 $Na_2S_2O_3$滴定至淡黄色，再加入 3 mL 5 g · L^{-1}淀粉指示剂，继续滴定至浅蓝色，再加入 10 mL 10%的 KSCN 溶液，继续滴定溶液的蓝色消失即为终点。根据消耗的 $Na_2S_2O_3$体积，计算 $Na_2S_2O_3$溶液的浓度。

2. 铜合金中铜含量的测定

准确称取 2.0~2.5 g 铜合金于 250 mL 烧杯中，加入 20 mL 1+1 HCl 溶液，在摇动条件下滴加 5~6 mL 30%的 H_2O_2 至金属铜分解完全。加热，将多余的 H_2O_2 分解除尽(加热时开始冒小气泡，然后冒大气泡，表示 H_2O_2 已经赶尽)，然后定量转入 250 mL 容量瓶中，加蒸馏水稀释至刻度线，摇匀。

准确移取铜合金溶液 25.00 mL 于 250 mL 锥形瓶中，滴加 1+1 $NH_3 \cdot H_2O$ 至刚好产生沉淀，然后加入 8 mL 1+1 HAc，10 mL 200 g · L^{-1} NH_4HF_2，10 mL 200 g · L^{-1} KI，立即用 $Na_2S_2O_3$ 滴定至淡黄色，再加入 3 mL 5 g · L^{-1} 淀粉指示剂，继续滴定至浅蓝色，再加入 10 mL 10 %的 KSCN 溶液，继续滴定溶液的蓝色消失即为终点。根据消耗的 $Na_2S_2O_3$ 体积，计算铜合金中铜的含量。

六、实验数据及处理

表 4-30 纯铜标定 $Na_2S_2O_3$ 的浓度

项 目		1	2	3
$V_{Na_2S_2O_3}$ /mL	$V_初$			
	$V_末$			
纯铜质量/g				
$Na_2S_2O_3$ 浓度/mol · L^{-1}				
$Na_2S_2O_3$ 平均浓度/mol · L^{-1}				

表 4-31 $Na_2S_2O_3$ 溶液测定铜合金中铜的含量

项 目		1	2	3
$V_{Na_2S_2O_3}$ /mL	$V_初$			
	$V_末$			
铜合金质量/g				
铜的质量分数/%				
铜的平均质量分数/%				

七、思考题

1. 测定铜含量时，所加入的 KI 的量是否要求十分准确？为什么？

2. 碘量法测定铜时，为什么常要加入 NH_4HF_2？为什么临近终点时加入 KSCN？

3. 铜合金试样能否用 HNO_3 分解？本实验用 HCl 和 H_2O_2 分解试样，试写出反应式。描述实验中溶液颜色的变化，并解释。

实验 17　高锰酸钾法测定 H_2O_2 含量

一、实验目的

1. 了解 $KMnO_4$ 溶液的配制，熟悉 $KMnO_4$ 标定方法。
2. 掌握用 $KMnO_4$ 法测定 H_2O_2 的原理及方法。
3. 对 $KMnO_4$ 自身指示剂的特点有所体会。
4. 熟悉 $KMnO_4$ 滴定过程的操作特点，体会自动催化反应的特征。

二、实验原理

H_2O_2 在工业、生物、医药等方面应用很广泛。利用其氧化性可以漂白毛、丝织物；医药上常用于消毒和杀菌；纯 H_2O_2 用作火箭燃料的氧化剂；工业上利用 H_2O_2 的还原性除氯；此外还可利用 H_2O_2 制备有机或无机过氧化物、泡沫塑料和其他多孔物质。由于 H_2O_2 的应用广泛，常需要对其含量进行测定。

H_2O_2 在酸性溶液中是一个强氧化剂，但遇到更强氧化剂，则表现为还原剂。因此，可以在稀硫酸溶液中用高锰酸钾法来测定 H_2O_2 的含量，其反应式：

$$5H_2O_2+2MnO_4^-+6H^+ = 2Mn^{2+}+5O_2\uparrow+8H_2O \qquad (4\text{-}60)$$

开始时反应速率缓慢，待 Mn^{2+} 生成后，由于自催化作用，加快了反应速率，故能顺利地滴定到呈现稳定的微红色为终点，因而称为自动催化反应。

本实验无需外加指示剂，当滴定反应达到化学计量点时，稍过量的 $KMnO_4$ 滴定剂（2×10^{-6} mol · L^{-1}）使溶液呈现微红色（自身指示剂），即为终点。

三、任务专题

（1）$KMnO_4$、$Na_2C_2O_4$ 的称量及过氧化氢的量取量设计。

（2）$KMnO_4$ 溶液的配制与稀释：1.6 g $KMnO_4$ 固体溶解于 500 mL 去离子水中，加热保持微沸 1 h，微孔玻璃漏斗过滤后，转移至棕色瓶备用。

（3）$Na_2C_2O_4$ 溶液的配制：准确称取 0.16~0.20 g $Na_2C_2O_4$ 基准物质 3 份，分别置于 250 mL 锥形瓶中，加入 50 mL 蒸馏水使之溶解。

（4）H_2O_2 溶液的配制：准确移取 H_2O_2 样品 25.00 mL，定容至 250 mL。

（5）$KMnO_4$ 溶液标定：向 $Na_2C_2O_4$ 溶液中加入 15 mL 3 mol · L^{-1} H_2SO_4，水浴加热到 75~85℃，趁热用 $KMnO_4$ 溶液滴定，直到溶液呈现微红色且持续 30 s 不褪色，记录体积 V，计算 $KMnO_4$ 溶液浓度 c。

（6）H_2O_2 含量测定：准确移取 H_2O_2 溶液 25.00 mL 于锥形瓶中，加 30 mL 蒸馏水，

加 10 mL 3 mol · L^{-1} H_2SO_4，摇匀，用 $KMnO_4$溶液滴定，至溶液呈现微红色且持续 30 s 不褪色，记录体积 V，计算 H_2O_2含量。

四、实验仪器和试剂

1. 仪器

分析天平，台秤，酸式滴定管，移液管，量筒，容量瓶。

2. 试剂

$Na_2C_2O_4$基准物质(于 105℃干燥 2h 后备用)，3 mol · L^{-1} 1+5 H_2SO_4，0.02 mol · L^{-1} $KMnO_4$溶液，H_2O_2溶液。

五、实验步骤

1. $KMnO_4$溶液的配制

称取 $KMnO_4$固体约 1.6 g 溶于 500 mL 水中，盖上表面皿，加热至沸并保持微沸状态 1 h，冷却后，用微孔玻璃漏斗(3 号或 4 号)过滤。滤液贮存于棕色试剂瓶中备用。

2. 用 $Na_2C_2O_4$标定 $KMnO_4$溶液

准确称取 0.16~0.20 g $Na_2C_2O_4$基准物质 3 份，分别置于 250 mL 锥形瓶中，加入 50 mL 蒸馏水使之溶解，加入 15 mL 3 mol · L^{-1} H_2SO_4，在水浴上加热到 75~85℃，趁热用 $KMnO_4$溶液滴定。开始滴定时反应速率慢，滴定几滴后，滴定速度可加快，直到溶液呈现微红色且持续 30 s 不褪色即为终点。根据 $Na_2C_2O_4$基准物质的质量和 $KMnO_4$消耗的体积可以标定出 $KMnO_4$溶液的准确浓度。

3. 过氧化氢溶液中 H_2O_2含量的测定

准确移取 H_2O_2样品 25.00 mL 于 250 mL 容量瓶中，用蒸馏水定容，摇匀。

准确移取上述溶液 25.00 mL 于 250 mL 锥形瓶中，加入 30 mL 蒸馏水，加入 10 mL 3 mol · L^{-1} H_2SO_4，摇匀，用 $KMnO_4$溶液滴定，直到溶液呈现微红色且持续 30 s 不褪色即为终点。记录 $KMnO_4$消耗的体积，平行测定 3 份。根据消耗的 $KMnO_4$体积，计算过氧化氢溶液中 H_2O_2的含量。

六、实验数据及处理

表 4-32 $Na_2C_2O_4$标定 $KMnO_4$的浓度

项 目		1	2	3
V_{KMnO_4}/mL	$V_{初}$			
	$V_{末}$			
$Na_2C_2O_4$质量/g				

（续）

项 目	1	2	3
$KMnO_4$浓度/mol·L^{-1}			
$KMnO_4$平均浓度/mol·L^{-1}			

表 4-33 $KMnO_4$溶液测定过氧化氢溶液中 H_2O_2 的含量

项 目		1	2	3
V_{KMnO_4}/mL	$V_{初}$			
	$V_{末}$			
H_2O_2含量/g·L^{-1}				
H_2O_2平均含量/g·L^{-1}				

七、思考题

1. 用 $Na_2C_2O_4$标定 $KMnO_4$溶液的浓度时，为什么必须在过量 H_2SO_4(HNO_3或 HCl 可以吗)存在下进行？为什么要加热到 75～85℃后才进行滴定？溶液温度过高或过低有什么影响？

2. 标定 $KMnO_4$溶液的浓度时，为什么第一滴 $KMnO_4$加入后溶液的红色褪去很慢，而以后红色褪去越来越快？

3. 使用 H_2O_2应注意什么？

实验 18 重铬酸钾法测样品中铁含量

一、实验目的

1. 学习氧化还原指示剂的使用方法。
2. 掌握氧化还原滴定误差控制方法。
3. 了解全铁测定的预处理技术。

二、实验原理

重铬酸钾($K_2Cr_2O_7$)是常用的氧化剂，$K_2Cr_2O_7$的氧化性不如 $KMnO_4$强，在酸性溶液中可氧化还原性物质，本身被还原成正三价的铬离子，如反应式(4-61)：

$$Cr_2O_7^{2-}+6e^-+14H^+ = 2Cr^{3+}+7H_2O \qquad (4\text{-}61)$$

在农业应用中，$K_2Cr_2O_7$常用于测定土壤中有机质含量。重铬酸钾测铁时常用二苯胺磺酸钠作为指示剂，反应到达终点后过量少许 $K_2Cr_2O_7$，指示剂由无色变成红紫色。

此外，随着滴定进行，溶液中累积了绿色的 Cr^{3+}，因此，终点达到时的颜色是从绿色变成紫蓝色。由于二苯胺磺酸钠的变色点电位较低，位于滴定曲线突跃范围的下端。90% 左右的 Fe^{2+} 被氧化时，电势就到达指示剂变色电势，产生负误差。为了控制误差，在滴定终点达到前加入 NaF 或 H_3PO_4 形成配合物，降低 $\rho_{Fe^{3+}/Fe^{2+}}$，使指示剂在突跃范围内变色，同时也消除了 Fe^{3+} 黄色干扰，有利于终点颜色的观察，如反应式(4-62)：

$$Cr_2O_7^{2-}+6Fe^{2+}+14H^+ = 6Fe^{3+}+2Cr^{3+}+7H_2O \quad (4\text{-}62)$$

若测定的是全铁含量，则需要将试样中 Fe^{3+} 进行还原，预处理成 Fe^{2+}，然后统一滴定亚铁含量。预处理技术常见的有两种，一种氯化亚锡($SnCl_2$)法，反应式为式(4-63)、式(4-64)：

$$2Fe^{3+}+Sn^{2+} = Sn^{4+}+2Fe^{2+} \quad (4\text{-}63)$$

$$Sn^{2+}+2HgCl_2 = Sn^{4+}+Hg_2Cl_2+2Cl^- \quad (4\text{-}64)$$

由于 Hg 盐有毒，生产中易造成环境污染。此方法多被改成无 Hg 参与的 $SnCl_2$-$TiCl_3$ 法，$SnCl_2$ 将大部分 Fe^{3+} 还原为 Fe^{2+}，溶液由红棕色变为浅黄色，然后再以 Na_2WO_4 为指示剂，用 $TiCl_3$ 将剩余的 Fe^{3+} 全部还原为 Fe^{2+}，当 Fe^{3+} 完全还原为 Fe^{2+} 之后，过量 1~2 滴 $TiCl_3$ 将溶液中的 Na_2WO_4 还原为蓝色的五价钨化物，俗称“钨蓝”，故指示溶液呈蓝色。

采用 $SnCl_2$-$TiCl_3$ 联合还原的反应方程式为：

$$2Fe^{3+}+Sn^{2+} = Sn^{4+}+2Fe^{2+} \quad (4\text{-}65)$$

$$3Fe^{3+}+Ti^{3+}+H_2O = 3Fe^{2+}+TiO^{2+}+2H^+ \quad (4\text{-}66)$$

三、任务专题

(1) 0.1 $mol \cdot L^{-1}$ ($1/6\ K_2Cr_2O_7$) 标准溶液的配制。

(2) 硫酸亚铁试样的配制。

(3) 测定亚铁含量。

四、实验仪器和试剂

1. 仪器

酸碱两用滴定管(50 mL 1 支)，锥形瓶(250 mL 3 个)，容量瓶(100 mL、150 mL)，烧杯，移液管(25.00 mL)。

2. 试剂

$K_2Cr_2O_7$ 固体(AR)，85% H_3PO_4，0.2g · L^{-1} 二苯胺磺酸钠，3mol · L^{-1} H_2SO_4，$FeSO_4 \cdot 7H_2O$ 固体。

五、实验步骤

1. 0.1 mol · L^{-1} ($1/6\ K_2Cr_2O_7$) 标准溶液的配制

在万分之一分析天平上用差减法准确称取烘干过(105~110℃下烘干 1 h)的 $K_2Cr_2O_7$ 固

体约 0. 75 g，放在干净的 100 mL 烧杯中，加少量去离子水溶解后，转入，定容于 150 mL 的容量瓶，计算其准确浓度。

2. 硫酸亚铁试样的配制

准确称取硫酸亚铁样品约 3. 4 g，置于 100 mL 烧杯中，加入 4 mL 的 3 mol · L^{-1} H_2SO_4防止水解，再加少量水溶解，然后转移，定容于 100 mL 的容量瓶中，摇匀备用。

3. 测定亚铁含量

用 25. 00 mL 的移液管吸取硫酸亚铁溶液 25. 00 mL 于锥形瓶中，加水 25 mL，加 20 mL 的 3 mol · $L^{-1}H_2SO_4$，再加二苯胺磺酸钠 6 滴，用重铬酸钾标准溶液滴定至溶液出现深绿色，加 5 mL 85% H_3PO_4，继续滴定至溶液呈紫色，表示反应达到终点，记录 $K_2Cr_2O_7$标准溶液的用量，按式(4-67)计算出亚铁的含量。平行 3 次测定。

$$W_{Fe} = \frac{c_{\frac{1}{6}K_2Cr_2O_7} \cdot V \cdot \frac{M_{Fe}}{1000}}{m_{Fe_2SO_4 \cdot 7H_2O} \times \frac{25.00}{100.00}} \times 100\% \tag{4-67}$$

六、实验数据及处理

将相关实验数据以及处理结果填写于表 4-34。

表 4-34　亚铁的测定

平行测定次数	1	2	3
$V_{K_2Cr_2O_7}$/mL			
W_{Fe}/%			
$\overline{W}_{Fe}$/%			

七、思考题

1. $K_2Cr_2O_7$为什么可以直接配制标准溶液？
2. 加入 85% H_3PO_4、3mol · $L^{-1}H_2SO_4$各自的作用是什么？

实验 19　可溶性氯化物中氯离子的莫尔法测定

一、实验目的

1. 了解 $AgNO_3$溶液的配制方法。
2. 掌握莫尔法测定氯离子的方法原理及测定条件。
3. 掌握莫尔法滴定终点的判断。

二、实验原理

某些可溶性氯化物中氯含量的测定常采用莫尔法。此法是在中性或者弱碱性溶液中，以 K_2CrO_4为指示剂，用标准溶液进行滴定。由于 AgCl 沉淀的溶解度比 Ag_2CrO_4小，因此，溶液中首先 AgCl 析出沉淀。当 AgCl 定量沉淀后，过量 1 滴 $AgNO_3$溶液 CrO_4^{2-}即与生成砖红色的 Ag_2CrO_4沉淀，指示终点到达。主要反应式如下：

$$Ag^+ + Cl^- = AgCl\downarrow(白色) \qquad K_{sp} = 1.8\times10^{-10} \tag{4-68}$$

$$2Ag^+ + CrO_4^{2-} = Ag_2CrO_4\downarrow(砖红色) \qquad K_{sp} = 1.8\times10^{-12} \tag{4-69}$$

滴定必须在中性或弱碱性溶液中进行，适宜 pH 值范围为 6.5~10.5。如有铵盐存在，溶液的 pH 值最好控制在 6.5~7.2 之间。

指示剂的用量对滴定有影响，一般 5×10^{-3} mol · L^{-1}为宜。凡是能与 Ag^+生成难溶性化合物或配合物的阴离子(如 PO_4^{3-}、AsO_4^{3-}、S^{2-}、CO_3^{2-}、SO_3^{2-}、$C_2O_4^{2-}$等)都干扰测定。其中，H_2S 可加热煮沸除去，将 SO_3^{2-} 氧化成 SO_4^{2-} 后不再干扰测定。大量 Cu^{2+}、Ni^{2+}、Co^{2+}等有色离子将影响终点观察。凡是能与指示剂生成难溶化合物的阳离子也干扰测定，如 Ba^{2+}、Pb^{2+}能与 CrO_4^{2-}分别生成 $BaCrO_4$和 $PbCrO_4$沉淀。Ba^{2+}的干扰也可加入过量的 Na_2SO_4消除。

Al^{3+}、Fe^{3+}、Bi^{3+}、Sn^{4+}等高价金属离子在中性或弱碱性溶液中易水解产生沉淀，也不应存在。

三、任务专题

(1)硝酸银、氯化钠基准物、氯化钠待测样称样量设计。

(2)硝酸银的标定：

①NaCl 标准溶液的配制：1.2~1.4 g NaCl 基准物，溶解定容 250 mL。

②$AgNO_3$溶液的标定：移取 25.00 mL NaCl 标准溶液，加蒸馏水，加指示剂，用 $AgNO_3$滴定至出现砖红色。

(3)Cl^-含量的测定：

①待测盐样的配制：1.3~1.5 g 食盐，溶解定容 250 mL。

②采用与 $AgNO_3$ 相同方法测定 Cl^-含量。

(4)后处理：

①滴定管洗涤：蒸馏水 3 遍，自来水洗 3 遍。

②废液回收。

四、实验仪器和试剂

1. 仪器

分析天平，台秤，酸式滴定管，移液管，量筒，容量瓶。

2. 试剂

NaCl 基准物质（在 500~600℃高温炉中灼烧 30 min 后，置于干燥器中冷却），约 0.1 mol · L^{-1} $AgNO_3$溶液（称取 8.5 g $AgNO_3$溶解于 500 mL 不含 Cl^-的蒸馏水中，将溶液转入棕色试剂瓶中，置暗处保存，以防光照分解），50 g · L^{-1} K_2CrO_4溶液，食盐样品。

五、实验步骤

1. $AgNO_3$的标定

准确称取 1.2~1.4 g 基准物 NaCl 于小烧杯中，用蒸馏水溶解后，定量转入 250 mL 容量瓶中，用蒸馏水稀释至刻度，摇匀。

用移液管准确移取 25.00 mL NaCl 溶液于锥形瓶中，加入 25 mL 蒸馏水，加入 1 mL（20 滴）50 g · L^{-1}的 K_2CrO_4指示剂，在不断摇动条件下，用 $AgNO_3$溶液滴定至溶液出现砖红色即为终点，平行标定 3 份，根据所消耗的 $AgNO_3$溶液体积和 NaCl 的质量，计算 $AgNO_3$浓度。

2. 食盐中氯含量的测定

准确称取 1.3~1.5 g 食盐于小烧杯中，用蒸馏水溶解后，定量转入 250 mL 容量瓶中，用蒸馏水稀释至刻度，摇匀。

用移液管准确移取 25.00 mL 食盐溶液于锥形瓶中，加入 25 mL 蒸馏水，加入 1 mL（20 滴）50 g · L^{-1}的 K_2CrO_4指示剂，在不断摇动条件下，用 $AgNO_3$溶液滴定至溶液出现砖红色即为终点，平行测定 3 份，根据所消耗的 $AgNO_3$溶液体积和 NaCl 的质量，计算食盐中氯离子的含量。

实验完毕后，将装有 $AgNO_3$溶液的滴定管先用蒸馏水冲洗 2~3 次后，再用自来水洗净，以免 AgCl 残留于管内。

标定和测定结束后，锥形瓶里的废液要回收。

六、实验数据及处理

表 4-35　基准物 NaCl 标定 $AgNO_3$的浓度

项　目		第一次	第二次	第三次
V_{AgNO_3}/mL	$V_{初}$			
	$V_{末}$			
基准物 NaCl 质量/g				
$AgNO_3$浓度/mol · L^{-1}				
$AgNO_3$平均浓度/mol · L^{-1}				

表 4-36 $AgNO_3$溶液测定食盐溶液中氯离子的含量

项目		第一次	第二次	第三次
V_{AgNO_3}/mL	$V_{初}$			
	$V_{末}$			
食盐质量				
氯离子含量				
氯离子平均含量				

七、思考题

1. 莫尔法测定氯时，为什么溶液的 pH 值要控制在 6.5~10.5?
2. 以 K_2CrO_4为指示剂，指示剂的浓度过大或过小对测定结果有何影响?

实验 20 法扬司法测定 NaCl 含量

一、实验目的

1. 理解吸附指示剂法的实验原理。
2. 掌握用吸附指示剂法测定 NaCl 含量的方法。

二、实验原理

用吸附指示剂指示终点的银量法称为法扬司法。

吸附指示剂是一类有色有机染料，它的阴离子在溶液中容易被带正电荷的胶状沉淀所吸附，吸附后结构变形而引起颜色变化，从而指示滴定终点。

以荧光黄为例:

荧光黄(有机弱酸，HFIn)，其解离过程为

$$HFIn \rightleftharpoons FIn^- + H^+ \qquad (4\text{-}70)$$

其共轭碱 FIn^-游离态为黄绿色，被吸附后，变色(粉红)。

以 $AgNO_3$标准溶液测定 Cl^-，使用荧光黄作吸附指示剂。

计量点前：溶液中 Cl^-过量，AgCl 胶体微粒吸附构晶离子 Cl^-而带负电荷，故 FIn^-不被吸附，此时溶液呈黄绿色。过程见式(4-71)：

$$AgCl \xrightarrow{Cl^-} (AgCl)\cdot Cl^- \xrightarrow{FIn^-} (AgCl)\cdot Cl^- + \underset{黄绿色}{FIn^-} \qquad (4\text{-}71)$$

计量点后：稍过量的 $AgNO_3$可使 AgCl 胶体微粒吸附 Ag^+而带正电荷，强烈吸附 FIn^-在 AgCl 表面形成了荧光黄银化合物而呈淡红色，使整个溶液由绿色变成淡红色，指示终点到达，如式(4-72)所示：

$$AgCl \xrightarrow{Ag^+} (AgCl)\cdot Ag^+ \xrightarrow{FIn^-} \underset{\text{粉红色}}{(AgCl)\cdot Ag^+\cdot FIn^-} \quad (4\text{-}72)$$

三、任务专题

(1)NaCl 待测样溶液的配制：准确称取约 0.15 g NaCl 样品，溶于 70 mL 水中，加入 10 mL 1%淀粉溶液。

(2)NaCl 待测样 Cl^-含量的测定：用 $AgNO_3$标准溶液避光滴定，临近终点时加荧光黄指示液，继续滴定至呈粉红色。

(3)Cl^-含量的计算。

四、实验仪器和试剂

1. 仪器

分析天平，台秤，酸式滴定管，移液管，量筒。

2. 试剂

NaCl 样品，0.1000 $mol\cdot L^{-1}$ $AgNO_3$溶液，0.5%荧光黄指示剂，1%淀粉。

五、实验步骤

准确称取约 0.15 g 氯化钠样品于 250 mL 锥形瓶中，加水 70 mL 使完全溶解后，加入 10 mL 1 %淀粉溶液作为胶体保护剂，在摇动下用 0.1000 $mol\cdot L^{-1}$ $AgNO_3$标准溶液避光滴定，近终点时加 3 滴 0.5%荧光黄指示液，用 $AgNO_3$标准溶液继续滴定至呈粉红色。平行测定 3 次，计算样品中含 NaCl 的百分含量。

六、实验数据及处理

表 4-37　食盐中 NaCl 含量测定

项　目		1	2	3
V_{AgNO_3}/mL	$V_{初}$			
	$V_{末}$			
NaCl 样品质量/g				
NaCl 样品含量/%				
NaCl 样品平均含量/%				

七、思考题

1. 法扬司法测定氯离子时，应注意什么条件？
2. 法扬司法时加入淀粉的作用是什么？

第五章　仪器分析实验

实验 21　邻二氮菲光度法测定微量铁

一、实验目的

1. 掌握邻二氮菲法测定铁的基本原理和方法。
2. 学习掌握分光光度计的使用方法。

二、实验原理

确定适宜的条件的原因：在可见光分光光度法的测定中，通常是将被测物与显色剂反应，使之生成有色物质，然后测其吸光度，进而求得被测物质的含量。因此，显色条件的完全程度和吸光度的测量条件都会影响到测量结果的准确性。为了使测定有较高的灵敏度和准确性，必须选择适宜的显色反应条件和仪器测量条件。通常所研究的显色反应条件有测量波长的选择、显色温度和时间、显色剂用量、显色液酸度等。

如何确定适宜的条件：条件实验的一般步骤为改变其中一个因素，暂时固定其他因素，显色后测量相应溶液吸光度，通过吸光度与变化因素的曲线来确定适宜的条件。

本实验测定微量铁含量的原理：根据朗伯-比耳定律 $A=\varepsilon bc$。

当入射光波长 λ 及光程 b 一定时，在一定浓度范围内，有色物质的吸光度 A 与该物质的浓度 c 成正比。只要绘出以吸光度 A 为纵坐标、浓度 c 为横坐标的标准曲线，测出试液的吸光度，就可以由标准曲线查得对应的浓度值，即水中铁的含量。

邻二氮菲可测定试样中铁的总量的条件和依据：邻二氮菲也称邻菲咯啉（简写 phen），是光度法测定铁的优良试剂。在 pH = 2～9 的范围内，邻二氮菲与二价铁生成稳定的橘红色配合物（$[Fe(phen)_3]^{2+}$），如式（5-1）所示：

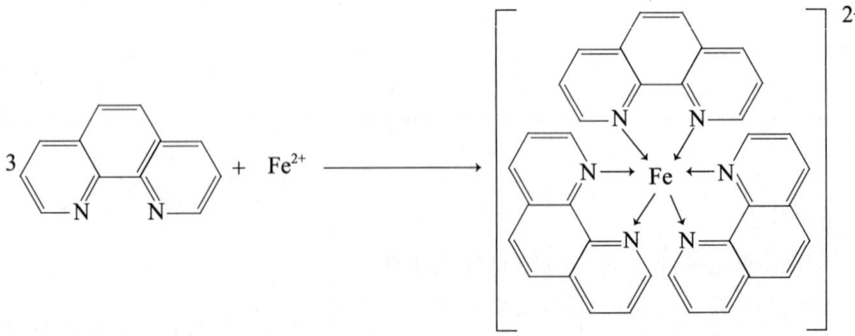

(5-1)

此配合物的 $\lg K_{稳}=21.3$，摩尔吸光系数 $\varepsilon_{510}=1.1\times10^4\ L\cdot mol^{-1}\cdot cm^{-1}$，而 Fe^{3+}能与邻二氮菲生成3∶1配合物，呈淡蓝色，$\lg K_{稳}=14.1$。所以，在加入显色剂之前，应用盐酸羟胺($NH_2OH\cdot HCl$)将 Fe^{3+}还原为 Fe^{2+}，其反应如式(5-2)所示：

$$2Fe^{3+}+2NH_2OH\cdot HCl = 2Fe^{2+}+N_2+2H_2O+4H^++2Cl^- \quad (5\text{-}2)$$

测定时控制溶液的酸度为 pH≈5 较为适宜，用邻二氮菲可测定试样中铁的总量。

三、任务专题

(1)溶液配制：标准溶液系列及考察用溶液的配制。

(2)待测铁样的配制。

(3)吸收曲线的绘制：铁标液 5 mL 显色，以水为参比测定给定波长下的吸光度值 A，确定最大吸收波长λ_{max}。

(4)配合物稳定性的测定：在λ_{max}下测定显色后的不同时间溶液体系的吸光度值 A。

(5)显色剂用量考察：在λ_{max}下测定不同邻二氮菲加入量对应的吸光度 A。

(6)标准曲线绘制：对系列标准铁溶液，经显色等处理后在λ_{max}下测定对应的吸光度 A，绘制标准曲线。

(7)待测液的测定：对应待测样品，经显色等处理后，λ_{max}下测定对应的吸光度 A_x，通过标准曲线得到浓度 c_x，进而求算得到浓度 $c_{待测}$。

四、实验仪器和试剂

1. 仪器

7220 型分光光度计，吸收池(1 cm)，吸量管(1 mL、2 mL、5 mL、10 mL)，比色管(50 mL 6 个)，容量瓶(100 mL)。

2. 试剂

20 μg·mL^{-1}铁标准溶液，0.1%邻二氮菲水溶液，5%盐酸羟胺溶液(新配)，1 mol·L^{-1}乙酸钠溶液，1 mol·L^{-1}NaOH 溶液，6 mol·L^{-1} HCl，铁样品溶液。

五、实验步骤

1. 条件实验

(1)吸收曲线的测绘：准确吸取 20 μg·mL^{-1}铁标准溶液 5 mL 于 50 mL 容量瓶中，加入 5%盐酸羟胺溶液 1 mL，摇匀，加入 1 mol·L^{-1}NaAc 溶液 5 mL 和 0.1%邻二氮杂菲溶液 3 mL。以水稀释至刻度，摇匀。放置 10 min，在 7220 型分光光度计上，用 1 cm 比色皿，以水为参比溶液，波长从 570 nm 到 420 nm 为止，按实验数据及处理表 5-1 所给波长测定对应吸光度值。结果记录于实验数据及处理表 5-1 中。

(2)邻二氮杂菲-亚铁配合物的稳定性：用上面溶液继续进行测定，在实验步骤(1)所确定的最大吸收波长下，每隔一定时间测定其吸光度，再加入显色剂后立即测定一次吸光度，即测定时间分别为 10、20、30、120 min 时的吸光度。数据记录于实验数据及处理表 5-2 中。

(3)显色剂浓度实验：取 50 mL 容量瓶 7 只，编号。每只容量瓶中准确加入 20 μg · mL^{-1}铁标准溶液 5 mL 以及 1 mL 5%盐酸羟胺溶液，经 2 min 后。再加入 5 mL 1 mol · L^{-1} NaAc 溶液，然后分别加入 0.1%邻二氮杂菲溶液 0.3 mL、0.6 mL、1.0 mL、1.5 mL、2.00 mL、3.0 mL、4.0 mL，用水稀释至刻度，摇匀，在分光光度计上，在实验步骤(1)确定的最大吸收波长下，用 1 cm 比色皿，以水为参比，测定上述溶液的吸光度。数据记录于实验数据及处理表 5-3 中。

2. 铁含量的测定

(1)标准曲线的绘制：取 50 mL 容量瓶 6 只，编号。分别吸取 20 μg · mL^{-1}铁标准溶液 2.0 mL、4.0 mL、6.0 mL、8.0 mL、10.0 mL 于 5 只容量瓶中，另一只容量瓶中不加标准溶液(配制空白溶液，作参比)。然后各加 1 mL 5%盐酸羟胺溶液，摇匀，经 2 min 后，再各加 5 mL 1 mol · L^{-1} NaAc 溶液及 3 mL 1 g · L^{-1}邻二氮杂菲溶液，以水稀释至刻度线，摇匀。放置 10 min，在分光光度计上，用 1 cm 比色皿，在 510 nm 处测定各溶液的吸光度。以铁含量为横坐标，吸光度为纵坐标，绘制标准曲线。

(2)未知液中铁含量的测定：吸取 5 mL 未知液代替标准溶液，其他步骤均同上测定吸光度。由未知液的吸光度在标准曲线上查出 5 mL 未知液中的铁含量，然后以每毫升未知液中含铁多少微克表示结果。

将以上铁含量测定结果记录于实验数据及处理表 5-4 中。

六、实验数据及处理

表 5-1 吸收曲线的绘制

波长 λ/nm	570	550	530	520	515	510	505	500	480	460	440	420
吸光度 A												

表 5-2 配合物稳定性考察结果

时间/min	10	20	30	120
吸光度 A				

表 5-3 显色剂浓度考察结果

显色剂用量/mL	0.30	0.60	1.00	1.50	2.00	3.00	4.00
吸光度 A							

表 5-4 标准系列及待测铁样的测定结果

$V_{铁标样}$或$V_{铁样品}$/mL	0.00	2.00	4.00	6.00	8.00	5.00(铁样)
铁浓度	0	20	40	60	80	c_x(待求)
吸光度 A						

根据表 5-4 中标准溶液的浓度和对应的吸光度，在电脑上作图，绘制标准工作曲线，得到标准曲线方程，把待测液的吸光度数值代入方程，求得待测液的浓度。

七、思考题

1. 邻二氮菲分光光度法测定微量铁时为何要加入盐酸羟胺溶液？
2. 参比溶液的作用是什么？在本实验中可否用蒸馏水作参比？

实验 22　吸光光度法测定混合液中的 Co^{2+}和 Cr^{3+}

一、实验目的

1. 了解朗伯-比尔定律。
2. 掌握用分光光度计的使用方法及注意事项。
3. 通过本实验掌握分光光度法测定双组分的原理和方法。

二、实验原理

当样品溶液中只含有一种吸光物质时，可选择适当的吸收波长，测定此波长下该物质的吸光度，根据朗伯-比耳(Lambert-Beer)定律，绘制标准曲线，即可求样品溶液中目标分析物的含量。由于吸光度具有加和性，所以可在同一样品溶液中测定两个以上的组分含量，即某一波长下总吸光度等于各个组分吸光度的总和。若对两组分混合溶液进行测定，可根据以下 3 种情况测定各组分含量(图 5-1)。

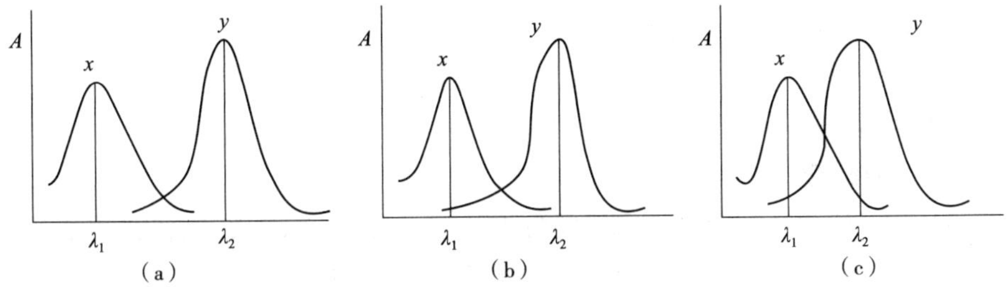

图 5-1　同一溶液中两种待测组分的吸收曲线

图 5-1(a)表明，两组分互不干扰，可分别在 λ_1与 λ_2处测量溶液的吸光度。

图 5-1(b)表明，组分 x 对组分 y 的测定无干扰，但 y 对 x 有干扰，这时可依据吸光度的加和性求得两组分的吸光度值。

图 5-1(c)表明，两组分相互干扰，首先在 λ_1处测定混合物吸光度和各组分的摩尔吸光系数，然后在 λ_2处测定混合物吸光度和各组分的摩尔吸光系数，根据下列方程组可求得 x、y 二元组分的浓度 c_x和 c_y。

$$\begin{cases} A_{\lambda_1}^{x+y} = \varepsilon_{\lambda_1}^{x} bc_x + \varepsilon_{\lambda_1}^{y} bc_y \\ A_{\lambda_2}^{x+y} = \varepsilon_{\lambda_2}^{x} bc_x + \varepsilon_{\lambda_2}^{y} bc_y \end{cases} \tag{5-3}$$

式中 $A_{\lambda_1}^{x+y}$、$A_{\lambda 2}^{x+y}$——所选两个波长下的测定值；

λ_1、λ_2——各组分的最大吸收波长；

$\varepsilon_{\lambda 1}^{x}$ $\varepsilon_{\lambda 1}^{y}$ $\varepsilon_{\lambda 2}^{x}$ $\varepsilon_{\lambda 2}^{y}$——依次代表组分 x 和 y 分别在 λ_1、λ_2处的摩尔吸光系数。

实验中可用已知浓度的 x、y 组分溶液分别测定，测定各自的 ε 值时最好采用标准曲线法，以斜率作为 ε 值较为准确。本实验测定有色混合物 Co^{2+}和 Cr^{3+}的含量。

三、任务专题

(1)通过加入相同浓度的 $K_2Cr_2O_7$溶液测定透光度值，检验比色皿间读数误差。

(2)从 460~700 nm 范围内测定吸光度值，确定最大吸收波长并计算各自的摩尔吸光系数。

(3)根据 $Co(NO_3)_2$和 $Cr(NO_3)_3$两组分的吸光度值绘制吸收光谱曲线。

(4)根据不同浓度的 $Co(NO_3)_2$和 $Cr(NO_3)_3$在最大吸收波长处测得的吸光度值，绘制标准曲线。

(5)测定双组分吸光度之和，根据式(5-2)计算各组分含量。

四、实验仪器和试剂

1. 仪器

7220 型分光光度计，比色管(25 mL 9 支)，10 mL 移液管(带刻度并贴有专用标签)。

2. 试剂

30 μg · mL^{-1} $K_2Cr_2O_7$溶液，0. 350 mol · L^{-1} $Co(NO_3)_2$标准溶液，0. 100 mol · L^{-1} $Cr(NO_3)_2$标准溶液。

五、实验步骤

1. 比色皿的配套

选一组 1 cm 比色皿，分别加入浓度为 30 μg · mL^{-1}的 $K_2Cr_2O_7$溶液，测定并记下所有比色皿的透光度值，要求每组比色皿透光度最大值与最小值之差不超过 0. 5%。

2. 溶液的配制

取 4 支 25 mL 比色管，编号 1~4 号，分别加入 2. 50 mL、5. 00 mL、7. 50 mL、10. 00 mL 的 0. 350 mol · L^{-1} $Co(NO_3)_2$溶液；再取 4 支 25 mL 比色管，编号 5~8 号，分别加入 2. 50 mL、5. 00 mL、7. 50 mL、10. 00 mL 的 0. 100 mol · L^{-1} $Cr(NO_3)_3$溶液。以上 8 支比色管全部用去离子水稀释至刻度，摇匀备用。

另取 1 支 25 mL 比色管，编号 9 号，加入 10. 00 mL 未知待测溶液，用去离子水稀释至刻度，摇匀。

3. 最大吸收波长的测定

取含有 $Co(NO_3)_2$标准溶液 5.00 mL(2 号)及含 $Cr(NO_3)_3$标准溶液 5.00 mL(6 号)的两支比色管的溶液分别装入 1 cm 比色皿中，以去离子水为参比溶液，从 460~700 nm，每隔 20 nm 测一次吸光度值，吸收峰附近测定频率适当增加。根据测得的吸光度值，将两种溶液的吸收曲线绘在同一坐标系内，根据吸收曲线确定最大吸收峰的波长 λ_1和 λ_2。

4. 摩尔吸光系数的测定

将 1~8 号比色管分别装入 1 cm 比色皿，用去离子水作参比溶液，分别在 λ_1及 λ_2处测定吸光度值，根据结果计算摩尔吸光系数。

5. 待测溶液的测量

用去离子水作参比溶液，使用满足配套要求的一组 1 cm 比色皿，将 9 号比色管溶液分别在波长 λ_1及 λ_2处测定吸光度值。

六、实验数据及处理

(1)数据记录：

仪器型号____________；比色皿厚____________；

比色皿间透光最大差值____________。

表 5-5　不同波长下 Co^{2+}溶液吸光度

λ/nm	460	480	500	505	510	515	520	540
A								
λ/nm	560	580	600	620	640	660	680	700
A								

表 5-6　不同波长下 Cr^{3+}溶液吸光度

λ/nm	460	480	500	520	540	560	565	670
A								
λ/nm	575	580	600	620	640	660	680	700
A								

表 5-7　摩尔吸光系数测定

标准溶液	$Co(NO_3)_2$(0.350 mol·L^{-1})				$Cr(NO_3)_3$(0.100 mol·L^{-1})			
取样量/mL	2.50	5.00	7.50	10.00	2.50	5.00	7.50	10.00
定容浓度/mol·L^{-1}								
$A(\lambda_1 =\quad)$								
$A(\lambda_2 =\quad)$								

表 5-8 待测溶液中 Co^{2+} 和 Cr^{3+}

测定波长/nm	λ_1	λ_2
A_{Co+Cr}		

(2)绘制 Co^{2+} 和 Cr^{3+} 溶液的吸收曲线，确定最大吸收波长 λ_1 及 λ_2。

(3)绘制 $Co(NO_3)_3$ 溶液分别在 λ_1 及 λ_2 处测得的标准曲线(共 4 条)。绘制时坐标分度的选择应使标准曲线的倾斜度在 45°左右。求出 4 条直线的斜率 $\varepsilon_{\lambda_1}^{Co}$、$\varepsilon_{\lambda_1}^{Cr}$、$\varepsilon_{\lambda_2}^{Co}$、$\varepsilon_{\lambda_2}^{Cr}$。

(4)通过解方程组，计算出试液中 Co^{2+} 和 Cr^{3+} 的浓度及试样原始浓度($mol \cdot L^{-1}$)。

七、思考题

1. 若有一未知溶液，如何确定其最大吸收波长？
2. 摩尔吸光系数和哪些因素有关？如何求得？
3. 溶液的浓度会对吸光度值有何影响？吸光度数值在什么范围内比较合理？

实验 23 水果中维生素 C 含量的测定

一、实验目的

1. 了解维生素 C 的相关知识。
2. 掌握紫外分光光度法快速测定果蔬中的维生素 C 的原理和方法。
3. 巩固紫外分光光度计的使用方法及注意事项。

二、实验原理

维生素 C(又称 L-抗坏血酸)是高等灵长类动物与其他少数生物的必需营养素。在生物体内，维生素 C 是一种抗氧化剂，保护身体免于自由基的威胁，同时它也是一种辅酶，广泛的食物来源为各类新鲜蔬果。缺乏维生素 C 会造成坏血病。

维生素 C 呈无色无臭的片状结晶体，易溶于水，不溶于脂。在酸性环境中稳定，遇空气中氧、热、光、碱性物质，特别是有氧化酶及痕量铜、铁等金属离子存在时可促进其破坏速度。维生素 C 水溶液在 pH=5~6 之间稳定，根据其紫外光谱区 243 nm 波长处有强烈吸收的特性，建立了紫外分光光度法测定维生素 C 片含量的方法。

三、任务专题

(1)配制抗坏血酸标准溶液，浓度为 100 $\mu g \cdot mL^{-1}$。

(2)按表 5-9 中的添加体积，配制不同浓度的抗坏血酸溶液。

（3）将不同浓度的抗坏血酸溶液在最大吸收波长 243 nm 处测定吸光度值，并绘制标准曲线。

（4）测定试剂样品，计算抗坏血酸含量。

四、实验仪器和试剂

1. 仪器

紫外分光光度计，离心机，分析天平，容量瓶（10 mL、25 mL），移液管（0.5 mL、1.0 mL），吸管，研钵，比色皿（1 cm，透射比偏差<0.5%）。

2. 试剂

10% HCl（取浓 HCl 133 mL，加水稀释至 500 mL），1% HCl（取浓 HCl 22 mL，加水稀释至 100 mL），NaOH 溶液（1 mol·L^{-1}）。

五、实验步骤

1. 标准曲线的制作

（1）准确称取抗坏血酸 10 mg，加 10% HCl 2 mL，用去离子水定容至 100 mL，混匀，此标准溶液的浓度为 100 μg·mL^{-1}。

（2）取带塞刻度试管 8 支并编号，分别按表 5-9 所示体积配制不同浓度的抗坏血酸溶液。

（3）以去离子水为参比溶液，在 243 nm 处分别测定 8 个试管中溶液的吸光度值，记录在表 5-9 中，并以溶液浓度（μg·mL^{-1}）为横坐标，吸光度值为纵坐标绘制标准曲线。

表 5-9　8 支比色管中溶液吸光度值的测定

试管号	1	2	3	4	5	6	7	8
抗坏血酸标准溶液加入量/mL	0.10	0.20	0.30	0.40	0.50	0.60	0.70	0.80
去离子水加入量/mL	9.90	9.80	9.70	9.60	9.50	9.40	9.20	9.00
总体积/mL	10.00	10.00	10.00	10.00	10.00	10.00	10.00	10.00
抗坏血酸溶液浓度/μg·mL^{-1}	1.00	2.00	3.00	4.00	5.00	6.00	7.00	8.00
吸光度值 A								

2. 样品的测定

（1）样品的提取：将果蔬样品洗净、擦干、切碎、混匀。称取 5.00 g 于研钵中，加入 2~5 mL 1% HCl，匀浆，转移到 25 mL 容量瓶中，定容。若提取液澄清透明，则备用；若浑浊，可通过离心（1000 r·min^{-1}，10 min）来消除。

（2）样品的测定：取 0.1~0.5 mL 提取液，放入盛有 0.2~1.0 mL 10% HCl 的 25 mL 容量瓶中，定容后摇匀。以去离子水为空白，在 243 nm 处测定其吸光度值。

(3)待测碱处理液的制备：分别吸取 0.1～0.5 mL 提取液、5mL 去离子水和 0.6～2.0 mL 1 mol·L^{-1} NaOH 溶液依次放入 25 mL 容量瓶中，混匀，15 min 后加入 0.6～2.0 mL 10% HCl，混匀，定容。以去离子水为空白，在 243 nm 处测定吸光度值。

(4)实验数据记录并计算：由待测样品与待测碱处理样品的吸光值之差和标准曲线，即可计算出样品中维生素 C 的含量。

注意：本实验也可直接以待测碱处理液为空白，测出待测液的吸光度值，通过查标准曲线，计算出样品的维生素 C 的含量。

表 5-10 待测溶液吸光度值的测定

样品号	1	2	3
待测样品处理液的吸光度值(A_1)			
待测碱处理液的吸光度值(A_2)			
待测样品与待测碱处理样品的吸光度值之差(ΔA)			
以待测碱处理液为空白的吸光度值(A)			
标准曲线上查得的抗坏血酸的浓度/μg·mL^{-1}			
V_C的含量/μg·g^{-1}			
V_C含量的平均值/μg·g^{-1}			

六、实验数据及处理

$$V_C\text{的含量}(\mu g\cdot g^{-1})=\frac{c_{查表}\times 25\times 25}{V_{样品}\cdot W_{样品}} \qquad (5\text{-}4)$$

式中 $c_{查表}$——从标准曲线上查得的抗坏血酸的浓度，μg·mL^{-1}；

$V_{样品}$——移取样品提取液的体积，mL；

$W_{样品}$——称样重量，g。

七、思考题

1. 为什么可以用紫外分光光度法测定维生素 C 的含量？
2. 在样品提取液的测定过程中，为什么要加入一定量的 HCl？

实验 24 饮料中咖啡因含量的测定

一、实验目的

1. 了解咖啡因的基本性质。
2. 巩固紫外分光光度计的使用方法。

3. 掌握紫外光谱法测定咖啡因的原理及方法。

二、实验原理

咖啡因是从茶叶、咖啡果中提炼出来的一种甲基黄嘌呤的生物碱，纯的咖啡因是白色且具有强烈苦味的粉状物，易溶于水、乙醇、丙酮及三氯甲烷等有机溶剂。咖啡因的三氯甲烷溶液在 278 nm 波长下有最大吸收，所以可以采用紫外光谱法测定溶液中咖啡因的浓度。

三、任务专题

(1)根据表 5-11 配制不同浓度的咖啡因标准溶液。

(2)完成饮料等实际样品的预处理。

(3)在最大吸收波长(278 nm)处测定咖啡因溶液的吸光度值，并绘制标准曲线。

(4)通过式(5-5)计算饮料中咖啡因的含量。

四、实验仪器与试剂

1. 仪器

紫外分光光度计，分析天平，容量瓶(100 mL)，移液管(50 mL)，比色管(25 mL)，比色皿(1 cm，透射比偏差<0.5%)。

2. 试剂

1.5% $KMnO_4$溶液：称取 1.5 g $KMnO_4$，去离子水溶解稀释至 100 mL。

15% H_3PO_4溶液：取 15 mL H_3PO_4，去离子水稀释至 100 mL，混匀。

20% NaOH 溶液：称取 20 g NaOH，去离子水溶解稀释至 100 mL。

0.5 $mg \cdot mL^{-1}$咖啡因标准溶液：称取含量为 98.0%的咖啡因标准品 0.0500 g，三氯甲烷溶解定容至 100 mL，置于冰箱保存。

Na_2SO_3和 KSCN 混合溶液：取无水 10 g Na_2SO_3，去离子水稀释至 100 mL，另取 10 g KSCN，去离子水稀释至 100 mL，将两者均匀混合。

五、实验步骤

1. 样品预处理

将一种可乐型饮料放入超声仪中脱气处理，准确量取 10.0~20.0 mL 的饮料样品，放入 250 mL 的分液漏斗中，加 1.5% $KMnO_4$溶液 5 mL，摇匀，静置 5 min；加入 Na_2SO_3和 KSCN 混合溶液 10 mL，摇匀；加入 15% H_3PO_4溶液 1 mL，摇匀；再加入 20% NaOH 溶液 1 mL，摇匀；加入 50 mL 三氯甲烷，振摇 100 次，静置分层，收集三氯甲烷(下方无色层)。水相中再加入 40 mL 三氯甲烷，振摇 100 次，静置分层，合并两次三氯甲烷液体，并用三氯甲烷定容至 100 mL(容量瓶必须干燥)，摇匀备用。(以上步骤需完成 3 次平行实验)

2. 标准曲线的绘制

按照表5-11移取不同体积的咖啡因标准溶液，用三氯甲烷稀释，配成标准系列，以三氯甲烷作为参比溶液，调节仪器的吸光度为0，在278nm下测定标准系列的吸光度值，绘制标准曲线，求得直线回归方程。

表5-11 不同浓度的咖啡因溶液吸光度值的测定

标准系列溶液浓度/mg·L^{-1}	0.00	5.00	10.00	15.00	20.00
移取标准溶液体积/mL	0.00	0.50	1.00	1.50	2.00
移取三氯甲烷体积/mL	50.00	49.50	49.00	48.50	48.00
测定吸光度值(A)					

3. 样品的测定

取3支25 mL比色管，分别加入5 g无水Na_2SO_4，倒入20 mL预处理后的样品(三氯甲烷收集液)，摇匀，静置。将澄清样品溶液放入比色皿中，最大吸收波长下测定吸光度值，根据式(5-5)计算样品中咖啡因的浓度。

六、实验数据及处理

将样品测定结果记录在表5-12中。

表5-12 待测样品的吸光光度值的测定

样品号	1	2	3
样品测得吸光度值(A)			
曲线查得咖啡因含量/mg·L^{-1}			
可乐型饮料中咖啡因含量/mg·L^{-1}			
样品中咖啡因含量平均值/mg·L^{-1}			

计算公式：

$$\text{可乐型饮料中咖啡因含量}(\text{mg}\cdot\text{L}^{-1})=\frac{c_x\times 100}{V_{\text{样品}}} \tag{5-5}$$

式中 c_x——曲线中查得的浓度；

$V_{样品}$——样品取样量。

同一实验室平行测定或重复测定结果的相对偏差绝对值应小于10%。

七、思考题

1. 实验中能不能用其他的有机溶剂代替三氯甲烷作为提取溶液？
2. 若实验中没有给出最大吸收波长，那应该如何测定最大吸收波长？

实验 25　分光光度法测定废水中的总磷

一、实验目的

1. 学习用过硫酸钾消解水样的方法。
2. 掌握测定水和废水中总磷的分光光度法。

二、实验原理

在天然水和废水中，磷几乎以各种磷酸盐的形式存在。它们分别为正磷酸盐、缩合磷酸盐(焦磷酸盐、偏磷酸盐和多磷酸盐)和有机结合的磷酸盐，存在于溶液和悬浮物中。化肥、冶炼、合成洗涤剂等行业废水及生活污水中常含有大量磷。

磷是生物生长的必需元素之一，但水体中磷含量过高(如超过 0.2 $mg \cdot L^{-1}$)，可造成藻类的过度繁殖，直至数量上达到有害的程度(称为富营养化)，造成湖泊、河流透明度降低，水质变坏。为了保护水质，控制危害，在环境检测中，总磷已列入环境监测项目。

总磷分析方法由两个步骤组成：第一步可用氧化剂过硫酸钾、硝酸-高氯酸或硝酸-硫酸等，将水样中不同形态的磷转化成正磷酸盐；第二步测定正磷酸盐(常用钼锑抗钼蓝光度法、氯化亚锡钼蓝光度法以及离子色谱法等)，从而求得总磷含量。

本实验用过硫酸钾氧化-钼锑抗钼蓝光度法测定总磷。在高压锅煮沸条件下，过硫酸钾将试样中不同形态的磷氧化为磷酸根。磷酸根在硫酸介质中同钼酸铵生成磷钼杂多酸。反应如式(5-6)和式(5-7)所示：

$$P(\text{缩合磷酸盐或有机磷中的磷})+K_2S_2O_8 \rightarrow PO_4^{3-} \quad (5\text{-}6)$$

$$PO_4^{3-}+12MoO_4^{2-}+27H^+ = H_7[P(Mo_2O_7)_6](\text{磷钼黄})+10H_2O \quad (5\text{-}7)$$

在酸性条件下，钼酸铵是显色剂，生成的磷钼杂多酸(磷钼黄)不稳定，立即用抗坏血酸还原，生成磷钼杂多蓝($H_3PO_4+10MoO_3+Mo_2O_5$，又称为磷钼蓝)，生成的钼蓝的多少与磷含量成正比，以此测定水中总磷。

三、任务专题

(1)标准溶液系列的配制及显色；待测液的配制及显色。
(2)水样预处理：过硫酸钾溶液消化水样 30 min。
(3)磷含量的测定：标准溶液系列及消化后的水样的测定。
(4)水样中磷含量的标准曲线法计算。

四、实验仪器和试剂

1. 仪器

7200 型分光光度计，吸收池(1 cm)，吸量管(1 mL、2 mL、5 mL、10 mL)，比色

管(50 mL 6 个)，高压锅。

2. 试剂

50 g · L^{-1}过硫酸钾，100 g · L^{-1}抗坏血酸溶液，钼锑储存液(新配)，5μg · mL^{-1}磷标准溶液，废水溶液。

五、实验步骤

1. 水样预处理

移取 25.00 mL 水样于 50 mL 比色管中，加过硫酸钾 4 mL，加蒸馏水至 50 mL 刻度线，加塞后用纱布扎紧，绳子捆好，放在大烧杯中，置于高压锅内加热，消化 30 min，冷却取出待用。

2. 测定废水中磷的总量

取 6 支 50 mL 比色管，编号，在 1~5 号比色管中分别加入磷标准溶液(5μg · mL^{-1})0.00 mL、1.00 mL、3.00 mL、5.00 mL、7.00 mL，在第 6 个比色管中加入实验第 1 步中处理过的磷样品溶液 4 mL，在上述比色管中各加蒸馏水至 25 mL，再各加抗坏血酸 1 mL，摇匀。30 s 后各加入钼锑储存液 2.00 mL，用蒸馏水定容至 50.00 mL，摇匀。15 min 后以 1 号试剂作参比，用 1 cm 比色皿，在 680 nm 波长下测定其余溶液的吸光度。将结果记录于表 5-13。

六、实验数据及处理

表 5-13　标准磷系列的测定及待测样的测定与浓度确定

编号	1	2	3	4	5	6
磷标液/mL	0.00	1.00	3.00	5.00	7.00	磷样品：4.00
加蒸馏水至/mL	25.00	25.00	25.00	25.00	25.00	25.00
抗坏血酸/mL	1.00	1.00	1.00	1.00	1.00	1.00
钼锑储存液/mL	2.00	2.00	2.00	2.00	2.00	2.00
蒸馏水定容至/mL	50.00	50.00	50.00	50.00	50.00	50.00
磷浓度/μg · 50mL^{-1}	0.00	5.00	15.00	25.00	35.00	c_x
吸光度(A)						A_x

根据表 5-13 中标准溶液的浓度和对应的吸光度，在电脑上作图，绘制标准工作曲线，得到标准曲线方程，把待测液的吸光度数值代入方程，求得待测液的浓度。

七、思考题

在实验中，各比色管中加入的显色剂的量是否需要准确？为什么？

实验 26　火焰光度法测定饮料中钾、钠

一、实验目的

1. 学习和熟悉火焰光度法测定饮料中钾、钠的方法。
2. 通过实际操作，加深对火焰光度法原理的理解。
3. 了解火焰光度计的结构及使用方法。

二、实验原理

火焰光度法是以火焰为激发光源的原子发射光谱法。它将试样溶液以气溶胶的形式，用喷雾的方法引入火焰中，用火焰的热能将试样元素原子化，并激发出它的特征光谱。然后再利用光电检测系统测量待测元素特征光谱的强度，此发射光谱的强度 I 与待测元素浓度 c 之间，可用罗马金公式表示：

$$I = ac^b \tag{5-8}$$

式中　a——与元素的激发电位、激发温度及试样组成等有关的系数；

b——谱线的自吸系数。

当实验的条件固定时，各次测量的 a 应为一稳定的常数。当 c 值很小时，b 趋近于 1。故上式可改写为

$$I = ac \tag{5-9}$$

通过测量待测元素特征长谱线的强度，可利用该式进行定量分析。

在火焰激发下，钾原子发射 766.8 nm 的谱线，钠原子发射 589.0 nm 的谱线，分别测量这两条谱线的相对强度，利用标准曲线法可进行钾、钠的定量测定。

三、任务专题

(1) 火焰法的开机顺序。
(2) 设置操作条件。
(3) 点火步骤。
(4) 测量步骤。
(5) 制作钾、钠的标准曲线。
(6) 钾、钠标准溶液的配制。
(7) 测量结果记录。
(8) 关机顺序。

四、实验仪器和试剂

1. 仪器

TAS-990 原子吸收分光光度计，可调温电热板，曲颈小漏斗，吸量管(5 mL、10 mL)，容量瓶(500 mL)，烧杯(100 mL、250 mL)，聚乙烯试剂瓶(500 mL)，分析天平。

2. 试剂

(1)钾、钠标准溶液：分别准确快速称取经 500℃灼烧的氯化钾 0.1907 g、氯化钠 0.2542 g，分别溶于去离子水中，且都定容为 1000 mL，两种溶液含钾、钠的浓度均为 100 $\mu g \cdot mL^{-1}$。

(2)测定钾用的缓冲溶液：将分析纯 $NaCl$、$MgCl_2$、$CaCl_2$ 溶于去离子水中，并分别使它们达到饱和。

(3)测定钠用的缓冲溶液：用分析纯 KCl、$MgCl_2$、$CaCl_2$ 如上法配制。

五、实验步骤

1. 原子吸收分光光度计操作步骤

(1)打开计算机及主机电源，双击“AAwin”图标，选择“联机”进入初始化，初始化后进入选择元素灯界面，根据向导设置及寻峰，调整燃烧头位置，使光斑通过燃烧头。单击“确定”，进入仪器自检画面。等待仪器各项自检“确定”后进行测量操作。

(2)选择“工作灯(W)”和“预热灯(R)”后单击“下一步”；进入“设置波长”步骤，单击寻峰，等待仪器寻找工作灯最大能量谱线的波长。寻峰完成后，单击“关闭”，回到寻峰画面后再单击“关闭”。单击“下一步”，进入完成设置画面，单击“完成”，根据样品设置向导设置样品的数量及浓度。单击“样品”，进入“样品设置向导”主要选择“浓度单位”，单击“下一步”，进入标准样品画面，根据所配制的标准样品设置标准样品的数目及浓度，单击“下一步”；进入辅助参数选项，可以直接单击“下一步”；单击“完成”，结束样品设置。

(3)选择“燃烧器参数”输入燃气流量为 1500 以上；检查废液管内是否有水；打开空压机，观察空压机压力是否达到 0.2 MPa；打开乙炔，调节分表压力为 0.05 MPa；用发泡剂检查各个连接处是否漏气；单击点火按键，观察火焰是否点燃，如果第一次没有点燃，请等 5~10 s 再重新点火；火焰点燃后，把进样吸管放入蒸馏水中，单击“能量”，选择“能量自动平衡”调整能量到 100%；待火焰稳定后测量样品。

(4)标准样品测量：把进样吸管放入空白溶液，单击“校零”键，调整吸光度为零；单击“测量”键，进入测量画面(在屏幕右上角)，依次吸入标准样品(必须根据浓度从低到高的测量)。做完标准样品后，把进样吸管放入蒸馏水中，单击“终止”按键。把鼠标指向标准曲线图框内，单击右键，选择“详细信息”，查看相关系数 *R* 是否合格。如果合格，进入样品测量。

样品测量：把进样吸管放入空白溶液，单击“校零”键，调整吸光度为零；单击“测量”键，进入测量画面(屏幕右上角)，吸入样品，单击“开始”键测量，自动读数 3 次完成一个样品测量。注意事项同标准样品测量方法。

(5)测量结束：测量结束后，把吸液管放入纯净水中吸 2~3 min，清洗燃烧头。关闭乙炔(一定要先关闭乙炔)，待火焰熄灭后关空压机，保存打印测量结果。

(6)退出 TAS-990 程序：单击右上角“关闭”按钮(X)，关主机电源，检查乙炔及电源是否都关闭好。

2. 钾的测定

(1)配制标准溶液：取 6 只 50 mL 容量瓶，分别加入钾标准溶液 0.00 mL、0.50 mL、1.00 mL、1.50 mL、2.00 mL、2.50 mL，然后都加入测定钾用的缓冲溶液，用去离子水稀释至刻度并摇匀。此时这些溶液中钾的浓度分别是 0.0、1.0、2.0、3.0、4.0、5.0 $\mu g \cdot mL^{-1}$。待做工作曲线时用。

(2)准备待测溶液：取 10.00 mL 饮料样品(根据饮料中钾的含量可适当增减取样量)，用少量盐酸酸化，煮沸以除去二氧化碳，冷却后转入 50 mL 容量瓶中，加入 2.00 mL 测钾缓冲溶液，用去离子水稀释至刻度并摇匀，待测。

(3)仪器检测：将仪器装好钾滤光片和光电池并正确接好检流计，启动仪器并调好气流量，立即点燃火焰预热一段时间后，将光圈开至合适位置，用空白溶液喷入火焰，调整检流计零点，然后喷入浓度最大的标准溶液，调整仪器使之有一较大读数，反复调整好后，依次喷入标准系列溶液和试液，分别记录下检流计读数。

(4)钾含量测定：以测得的标准系列溶液的读数对其浓度做工作曲线，然后由测得的试液的读数从工作曲线上查出试液中钾的浓度，再根据取样量及稀释倍数计算出饮料样品中钾的浓度和含量。

3. 钠的测定

测定钠的方法基本同上，只是用钠的滤光片和测钠缓冲液。对含钠高的饮料，可减少取样量或增加稀释倍数，若仪器对钠的灵敏度不够，可适当增加标准系列溶液的浓度。

六、实验数据及处理

将相关实验数据以及处理结果填写于表 5-14~表 5-17。

表 5-14 钾的火焰标准曲线数据记录与结果处理

移取钾的工作标准溶液量/mL	0.00	0.50	1.00	1.50	2.00	2.50
稀释后溶液中钾的浓度/$\mu g \cdot L^{-1}$						
A						

表 5-15 钠的火焰标准曲线数据记录与结果处理

移取钠的工作标准溶液量/mL	0.00	1.00	2.00	3.00	4.00
稀释后溶液中钠的浓度/$\mu g \cdot L^{-1}$					
A					

表 5-16 钾待测样数据记录与结果处理

容量瓶号	1	2	3
钾待测样量/mL	10.00	10.00	10.00
A			

表 5-17 钠待测样数据记录与结果处理

容量瓶号	1	2	3
钠待测样量/mL	10.00	10.00	10.00
A			

可由学生自行拟定分析步骤，确定所加入标准溶液的浓度及加入量等，并用工作曲线法测得的结果进行比较。

七、思考题

1. 火焰光度计中的滤光片有什么作用？

2. 如果标准系列的溶液浓度范围过大，则标准曲线中会弯曲，为什么会有这种情况？

3. 实验中为什么要加缓冲液？它起什么作用？若不加对结果及灵敏度有什么影响？

4. 测定前为什么用空白溶液和浓度最大的标准溶液调整检流计读数？

5. 若用基体一致的空白溶液喷入火焰后，不把检流计调到零点而调到某一较小固定值上，这样可以进行定量分析吗？若可以，应怎样制作工作曲线？测得的试液的读数应怎样处理？这时对分析结果有没有影响？

6. 根据实验数据证明，测定钾和钠的灵敏度哪个高？并从理论上解释。

实验 27　原子吸收分光光度法测定水中的镁

一、实验目的

1. 学习和掌握原子吸收分光光度法进行定量分析的方法。
2. 学习和了解原子吸收分光光度计的基本结构和使用方法。

二、实验原理

原子吸收分光光度法是基于物质所产生的原子蒸气对特定谱线(即待测元素的特征谱线)的吸收作用进行定量分析的方法。该法的特点决定其为测定微量元素的首选定量分析方法。一般情况下，其相对误差在 1%~2%之间，可用于 70 余种元素的微量测定。

若使用锐线光源，待测组分为低浓度的情况下，基态原子蒸气对共振线的吸收符合下式：

$$A = \lg \frac{l}{T} = \lg \frac{I_0}{I} = alN_0 \qquad (5\text{-}10)$$

式中　A——吸光度；

T——透光度；

I_0——入射光强度；

I——经原子蒸气吸收后的透过光强度；

a——比例系数；

l——样品的光程；

N_0——基态原子数目。

当用于试样原子的火焰温度低于 3000K 时，原子蒸气中基态原子数目实际上非常接近原子的总数目。在固定的实验条件下，待测组分原子总数与待测组分浓度的比例是一个常数，因此定量公式为

$$A = kcl \qquad (5\text{-}11)$$

定量方法可用标准加入法或标准曲线法。

实验测定水中镁的含量，测定波长选用 285. 2 nm 或 202. 5 nm。

三、任务专题

(1)石墨炉法的开机顺序。

(2)设置操作条件。

(3)空烧校零步骤。

(4)测量步骤。

(5)镁标准系列溶液的配制。

(6)镁储备液的配制及测定。

(7)结束测量记录数据。

(8)关机顺序。

四、实验仪器和试剂

1. 仪器

TAS-990原子吸收分光光度计，乙炔钢瓶和无油空气压缩机或氩气钢瓶，聚乙烯试剂瓶(500 mL)，吸量管(5 mL、10 mL)，容量瓶(50 mL、500 mL)，烧杯(200 mL)。

2. 试剂

(1)1.00 g · L^{-1}镁储备标准液：称取1.0270 g $MgSO_4 \cdot 7H_2O$(分析纯)溶解后，加去离子水稀释并定容至100 mL，将此溶液转移至聚乙烯试剂瓶中保存。

(2)50 mg · L^{-1}镁的工作标准溶液：移取2.50 mL镁储备标准液于50 mL容量瓶中，加去离子水稀释并定容。

五、实验步骤

1. 原子吸收分光光度计操作步骤

打开计算机及主机电源；双击“AAwin”图标，选择“联机”进入初始化；初始化后进入选择元素灯界面，根据向导设置及寻峰；调整燃烧头位置，使光斑通过燃烧头；根据样品设置向导设置样品的数量及浓度；打开空压机，调输出压力为0.25 MPa；打开乙炔，调输出压力为0.05 MPa；检查水封，保证废液管内有水；点火，待火焰稳定后测量样品；测量结束后，把吸液管放入纯净水中吸2~3 min，清洗燃烧头；关闭乙炔，待火焰熄灭后关空压机；保存打印测量结果；退出程序后关主机电源；检查乙炔及电源是否都关闭好。

石墨炉法：打开石墨炉电源—打开氩气(压力0.6~0.8 MPa)—点击“样品”图标设置样品—点击“参数”图标进行参数设置—点击“石墨管”炉体打开后，安装石墨管，装好后点击“确定”关闭炉体—点击“仪器(I)”中的“原子化器位置”进行原子化器位置的调整—点击“能量”图标调整能量—打开冷却水—点击“加热”设置升温程序—点击“空烧”空烧三次后，点击“空烧”开始测量。测量结束后依次关闭冷却水、氩气、石墨炉电源、关闭主机。

2. 标准系列溶液的配制

分别移取不同量的镁的工作标准溶液置于50 mL容量瓶中(移取量见表5-18)，加去离子水稀释并定容。

3. 未知试样溶液的配制

平行移取3份各10.00 mL自来水于50 mL容量瓶，加去离子水稀释并定容。

4. 标准加入法工作溶液的配制

在4个50 mL容量瓶中，各加入5.00 mL自来水，然后依次加入一定量的镁的标准溶液，加去离子水稀释并定容。

5. 测量

按照测量条件进样，并测定吸光度值，记录数据(用去离子水作参比)。根据测量数据计算水样中的镁含量。

六、实验数据及处理

将相关实验数据以及处理结果填写于表5-18~表5-20。

表5-18　标准曲线法数据记录与结果处理

移取镁的工作标准溶液量/mL	1.00	2.00	3.00	4.00	5.00
稀释后溶液中镁的浓度/$mg \cdot L^{-1}$					
A					

表5-19　水样数据记录与结果处理

水样	1	2	3
测定A			
标准曲线中查出的浓度/$mg \cdot L^{-1}$			
水样中镁的含量			
水样中镁含量的平均值			

表5-20　标准加入法数据记录与结果处理

容量瓶号	1	2	3	4
水样量/mL	5.00	5.00	5.00	5.00
加入镁的工作标准溶液量/mL	0.00	1.00	2.00	3.00
A				

七、误差分析

比较两种测定方法所得结果，并用误差表示。

八、思考题

1. 原子吸收光谱的理论依据是什么？
2. 标准加入法测定自来水中的镁时，为什么可以将工作曲线外推以此求镁的含量？

实验 28　原子吸收法测定头发中的锌量

一、实验目的

1. 进一步熟悉和掌握原子吸收分光光度法的原理及应用。

2. 学习和掌握样品的湿消化或干灰化技术，掌握标准曲线法进行定量分析测定元素含量的操作。

3. 进一步熟悉和掌握原子吸收分光光度计的使用方法。

4. 测定头发中锌的含量。

二、实验原理

锌广泛分布于有机体的所有组织中，是多种与生命活动密切相关的酶的重要成分，如醇脱氢酶、碳酸酐酶等。锌是叶绿体内碳酸酐酶的组成成分，能促进植物的光合作用，锌对许多植物，特别是玉米、柑橘和油桐的生长发育和产量有着重大的影响。当土壤中有效锌低于 1 $mg \cdot kg^{-1}$(水浸提)时，施用锌肥有良好的增产效果等。如果儿童缺锌，则会引起智力的延缓发育及骨骼的生长缓慢，成年人缺锌会引起失眠症。

头发主要由角蛋白组成，但也含有各种痕量元素，如锌、铅、钙、锰、铜、铁、砷等。头发中含有的痕量元素的量，体现了头发生长过程中吸收的这些元素的量。通过检测这样痕量元素的量，可以了解人体中微量元素的状况。头发中的锌含量适于用原子吸收分光光度法测量，它是基于物质对紫外－可见光吸收所建立的分析方法，属成分分析法。操作特点：快速、灵敏、准确、选择性好等优点。

原子吸收是一个受激跃迁的过程，将含有待测元素的试液经火焰原子化法和无火焰原子化法使待测元素原子化，解离成基态原子蒸气。待测元素的空心阴极灯发射的某一特征波长的光通过原子蒸气时，受到原子外层电子的选择性吸收，使得透过原子蒸气的入射光的强度减弱，其减弱程度与原子中含有的该元素的量成正比。当实验条件一定时，原子蒸气中的该元素的含量与待测试液中的该元素的浓度成正比，即入射光被吸收的程度与试样中该元素的浓度成正比。

$$A = \mathrm{K}c \tag{5-12}$$

式中　A——吸光度；

　　　K——一定条件下的常数；

　　　c——样品溶液中该元素的浓度。

人和动物的毛发，用湿消化法和干灰化法处理溶液后，溶液对 213.9 nm 波长光(Zn 元素的特征谱线)的吸光度与毛发中锌的含量呈线性关系，因此，可用标准曲线法测定毛发中锌的含量。

三、任务专题

(1)开机方法。

(2)设置操作条件。

(3)原子吸收分光光度法测得样品的前处理方法。

(4)干法灰化、湿法硝化操作。

(5)标准系列溶液的配制。

(6)锌标准储备液的配制。

(7)测量并记录数据。

(8)关机顺序。

四、实验仪器和试剂

1. 仪器

TAS-990 原子吸收分光光度计，乙炔钢瓶，无油空气压缩机或氩气钢瓶，吸量管(5 mL)，聚乙烯试剂瓶(500 mL)，高温电炉，锌的空心阴极灯，烧杯(200 mL)，容量瓶(50 mL、500 mL)。

湿灰化法：锥形瓶(100 mL)，曲颈小漏斗。

干灰化法：瓷坩埚(30 mL)。

2. 试剂

(1)1.000 g·L^{-1}锌储备标准溶液：称取 0.6250 g ZnO，溶于约 50 mL H_2O 及 0.5 mL 浓 H_2SO_4中，移入 500 mL 容量瓶，用 H_2O 稀释至刻度，摇匀，转入聚乙烯试剂瓶中贮存。

(2)10 mg·L^{-1}锌的工作标准溶液：取 5.0 mL 锌的储备标准液置于 50 mL 容量瓶中，用去离子水定容，得浓度为 10 mg·L^{-1}的锌的工作标准溶液。

(3)HCl 溶液：1%和 10%，干灰化法用。

(4)HNO_3 - $HClO_4$混和溶液：浓 HNO_3($d=1.42$) - $HClO_4$(60%)以 4∶1 的比例混和而成，湿消化法用。

五、实验步骤

1. 样品的采集与处理

用剪刀取 1~2 g 近头皮 1~3 cm 处的发样，剪碎至 1 cm 左右，于烧杯中用普通洗发剂浸泡 2 min，然后用自来水冲洗至无泡，通常洗 2~3 次，以确保发样上无洗发剂、污垢和油腻。最后，发样用去离子水冲洗 3 次，晾干，置于烘箱中，在 80℃的条件下，干燥至恒重(6~8 h)。

准确称取 0.1000 g 试样置于 100 mL 锥形瓶中，加入 5 mL 4∶1 HNO_3 - $HClO_4$混和溶液，上加弯颈小漏斗，于电炉上加热消化，温度控制在 140~160℃，待到约剩 0.5

mL 清亮液体时，冷却，以去离子水定容至 50.0 mL，待测。

2. 标准系列溶液的配制

在 5 只 50 mL 的容量瓶中，分别加入 1.00 mL、2.00 mL、3.00 mL、4.00 mL、5.00 mL 锌的工作标准溶液，加去离子水稀释至刻度，摇匀。

3. 测量

按原子吸收分光光度计中的仪器操作步骤开动仪器，根据测定条件设定的各项参数：测定波长为 213.9 nm，空心阴极灯的灯电流 3 mA，灯高 4 格，光谱通带(单色器道宽)0.2 nm，空气－乙炔贫燃火焰的燃助比为 1∶4。待火焰稳定后，喷入空白溶液，进行仪器零点调节。用去离子水调节仪器的吸光度为 0，按由稀到浓的顺序测定标准系列溶液，读出吸光度值，然后用空白溶液清洗，调零。进行未知样的测定，记录吸光度数值。

六、实验数据及处理

1. 绘制标准曲线，求出毛发中锌的含量

用锌的标准系列溶液的吸光度绘制标准曲线，数据处理记录见表 5-21，以测定的标准系列溶液的吸光度为纵坐标，浓度为横坐标，由工作曲线测定未知样中锌的含量。

表 5-21　标准曲线数据记录与结果处理

移取锌的工作标准溶液量/mL	1.00	2.00	3.00	4.00	5.00
稀释后溶液中锌的浓度/$\mu g \cdot L^{-1}$					
A					

2. 根据测定结果进行判断

将相关实验数据以及处理结果填写于表 5-22。由此计算出头发中的锌的含量。

表 5-22　数据记录与结果处理

容量瓶号	1	2	3
待测样量/mL	10.00	10.00	10.00
A			

由正常人发锌的含量范围，判断提供发样的人是否缺锌或者生活在锌污染区中？

七、思考题

1. 原子吸收分光光度法的基本原理是什么？此分析方法有何优缺点？

2. 当待测试样的吸光度超出配制的标准溶液的最大吸光度值时，要使其吸光度数值位于标准溶液系列的吸光度值之间，如何处理？

3. 原子吸收分光光度法中，吸光度与样品浓度之间有什么样的关系？当浓度较高时，一般会出现什么情况？

4. 测头发中锌含量具有什么实际意义？

实验 29　溶液 pH 值的测定

一、实验目的

1. 掌握电位计的使用。
2. 了解电位法测定 pH 值的基本原理。
3. 学会测定玻璃电极的响应斜率，进一步加深对玻璃电极响应特性的了解。

二、实验原理

酸度计是测定溶液 pH 值的有效仪器，由电极与电计两部分组成。电极分为指示电极与参比电极，也可将指示电极与参比电极组合在一起作为复合电极，两者的测量原理相同。

以 pH 玻璃电极作为指示电极，饱和甘汞电极作为参比电极，插入待测溶液中组成原电池，在一定条件下，根据酸度计的电计测量出电池的电动势。电池电动势与溶液 pH 值存在计量关系，通过转换，获得溶液的 pH 值。其原电池组成为：

(－) Ag|AgCl|HCl(0.1mol·L^{-1})|玻璃膜|试液||KCl(饱和)|$HgCl_2$|Hg(＋)

← 玻璃电极 → |－－－－－－－－－－－－－－－－－－－－－－|← 饱和甘汞电极→|

一般，pH 玻璃电极的敏感膜选择性响应 H^+，电极电势与待测溶液的 pH 值呈线性关系，在 298.15 K 下，有计算式：

$$E_{玻璃}=K-0.0592\mathrm{pH} \tag{5-13}$$

推出：

$$E=E_{甘汞}-E_{玻璃}=E_{甘汞}-(K-0.0592\mathrm{pH})=E_{甘汞}-K+0.0592\mathrm{pH} \tag{5-14}$$

$E_{甘汞}-K$ 在相同条件下都为常数，将其合并为 K'，又推出式：

$$E=K'+0.0592\mathrm{pH} \tag{5-15}$$

可见，在一定温度下，电池电动势与溶液的 pH 值呈线性关系。这就是以电位法测量溶液 pH 值的依据。该式中，常数 K' 无法测量，并无绝对值。在实际工作中，试样溶液的 pH 值常采用已知 pH 值的标准缓冲溶液相比而得。其做法是测得标准缓冲溶液的电动势，如式(5-16)：

$$E_s=K'+0.0592\mathrm{pH}_s \tag{5-16}$$

在相同条件下，测得待测溶液的电动势：

$$E_x=K'+0.0592\mathrm{pH}_x \tag{5-17}$$

因其在相同条件下测，K' 相等，两式相减，得算式：

$$E_x-E_s=0.0592(\mathrm{pH}_x-\mathrm{pH}_s) \tag{5-18}$$

$$\mathrm{pH}_x=\frac{(E_x-E_s)}{0.0592}+\mathrm{pH}_s \tag{5-19}$$

因此，以标准缓冲溶液的 pH_s 为基准，通过测量两个电势就可以求出未知溶液的 pH_x，酸度计就是根据这一原理设计的。

三、任务专题

(1)标准缓冲溶液的配制。

(2)酸度计的标定。

(3)pH 玻璃电极响应斜率的测定。

(4)溶液 pH 值的测定。

四、实验仪器和试剂

1. 仪器

梅特勒-托利多 Delta320 型酸度计，复合 pH 玻璃电极。

2. 试剂

邻苯二甲酸氢钾标准缓冲溶液(pH = 4. 00)，磷酸二氢钾和磷酸氢二钠标准缓冲溶液(pH = 6. 86)，硼砂标准溶液(pH = 9. 18)，自来水，矿物质水。

五、实验步骤

1. 标准缓冲溶液的配制

将相应标准缓冲溶液试剂包中的试剂用蒸馏水溶解，转入试剂包规定的容量瓶中定容，贴好标签备用。

2. 酸度计的标定(按照操作说明书进行)

(1)选择温度测定，调节温度补偿。

(2)选择 pH 校正。

(3)分别进行 1 点、2 点、3 点的校正(以下以 2 点校正为例)。

(4)电极准备：把蒸馏水清洗过的电极用滤纸拭擦干净侧边水滴，插入 pH 值为 6. 86 的标准缓冲溶液中。

(5)调节定位：使仪器显示读数与该缓冲溶液当时温度下的 pH 值一致。

(6)调节读数：稳定后，取出电极，清洗干净后，插入 pH 值为 4. 00 的标准缓冲溶液中，调节使仪器显示读数。

(7)电极校正：与该缓冲溶液当下温度的 pH 值一致，待读数稳定后，仪器完成校正。

3. pH 玻璃电极响应斜率的测定

选择测定 mV，将电极插入 pH 值为 4. 00 的标准缓冲溶液中，摇动烧杯，使溶液均匀，在显示屏上读出其 mV 值，依次测得 pH 值为 6. 86 和 pH 值为 9. 18 标准溶液的 mV 值。

4. 溶液 pH 值的测定

当被测溶液与标定溶液温度相同时，用蒸馏水清洗电极 3 次，滤纸擦干净玻璃球周边水分，再用待测液淋洗 3 次，然后插入装有未知水溶液的烧杯，待电极稳定，读出该 pH 值。

六、实验数据及处理

用表 5-23 数据，作 E-pH 图，求出直线斜率。该斜率即为玻璃电极的响应斜率，若偏离 59mV/pH 值太多，则该电极不能使用。

表 5-23　pH 玻璃电极响应斜率的测定

	pH = 4.00 标准溶液	pH = 6.86 标准溶液	pH = 9.18 标准溶液	自来水样	矿物质水
E					
E-pH 斜率				—	—
pH					

七、思考题

1. pH 计为什么要用标准缓冲溶液校正？
2. 使用和安装玻璃电极时应该注意的事项。
3. 电位法测定溶液 pH 值的原理？

实验 30　pH 滴定法测定甲酸、乙酸混合酸中各组分含量

一、实验目的

1. 了解 pH 滴定法测定二元混酸的基本原理。
2. 拓展酸碱滴定法的应用范围。
3. 掌握 pH 计的使用方法及适用范围。
4. 学习使用计算机分析处理数据。

二、实验原理

在二元混合酸的滴定过程中，存在下面的质子条件式：

$$[H^+] - [OH^-] + \frac{bV_t}{V_0 + V_t} - \sum_{i=1}^{2} \frac{V_0}{V_0 + V_t} c_i Q_i = 0 \tag{5-20}$$

式中　V_0——被滴定溶液的初始体积；

V_t——加入的滴定剂体积；

c_i——被测组分浓度；

b——滴定剂浓度；

$[H^+]$和$[OH^-]$——加入滴定剂后所测溶液的氢离子和氢氧根离子浓度；

Q_i——酸的浓度分数之和。

Q_i计算公式为

$$Q_i = \frac{\frac{K_{1i}^{a}}{[H^+]} + \frac{2K_{1i}^{a}K_{2i}^{a}}{[H^+]^2} + \cdots}{1 + \frac{K_{1i}^{a}}{[H^+]} + \frac{K_{1i}^{a}K_{2i}^{a}}{[H^+]^2} + \cdots} \quad (5\text{-}21)$$

式中　K^a——弱酸的离解常数。

可将以上两公式整理为

$$\sum_{i=1}^{2} c_i Q_i = \frac{V_0 + V_t}{V_0}\left([H^+] - [OH^-] + \frac{bV_t}{V_0 + V_t}\right) \quad (5\text{-}22)$$

假设为

$$\frac{V_0 + V_t}{V_0}\left([H^+] - [OH^-] + \frac{bV_t}{V_0 + V_t}\right) = B \quad c_1Q_1 + c_2Q_2 = B \quad (5\text{-}23)$$

则又可简化公式为

$$c_1Q_1 + c_2Q_2 = B \quad (5\text{-}24)$$

若样品中所含的两酸标准溶液，用相同的标准碱溶液滴定至与样品相同的 pH 值，则得到如下关系式：

$$c_{标1} \cdot Q_1 = B_{标1} \quad (5\text{-}25)$$

$$c_{标2} \cdot Q_2 = B_{标2} \quad (5\text{-}26)$$

式中　$c_{标1}$、$c_{标2}$——分别为被测组分标准溶液浓度；

$B_{标1}$、$B_{标2}$——分别为滴定至与样品相同 pH 值时，由 B 的表达式计算所得 B 值。

将此公式带入式(5-24)得：

$$c_1\frac{B_{标1}}{c_{标1}} + c_2\frac{B_{标2}}{c_{标2}} = B \quad (5\text{-}27)$$

也可写成如下形式：

$$\frac{B}{B_{标1}} = \frac{c_1}{c_{标1}} + \left(\frac{c_2}{c_{标2}}\right) \cdot \left(\frac{B_{标2}}{B_{标1}}\right) \quad (5\text{-}28)$$

当滴定至不同的 pH 值处时，以 $B/B_{标1}$ 作为 $B_{标2}/B_{标1}$ 的函数作图，可得到一条直线，根据斜率和截距分别计算出样品中两组分含量。

三、任务专题

(1)准确移取 5.00 mL 甲酸或乙酸标准溶液于 250 mL 烧杯中，加入 10.00 mL 1.0 mol · L^{-1} KCl 溶液，加入 85 mL 去离子水，稀释至 100 mL。

(2)用 NaOH 将标准酸溶液滴定至指定 pH 值(3.80、4.10、4.40、4.70、5.00、5.30、5.60)。

(3)准确移取 10.00 mL 样品于 250mL 烧杯中，加入 10.00 mL 1.0 mol · L^{-1} KCl 溶液，加入 80 mL 去离子水稀释至 100 mL。

(4)用 NaOH 将样品溶液滴定至指定 pH 值(3.80、4.10、4.40、4.70、5.00、5.30、5.60)。

四、实验仪器和试剂

1. 仪器

pH 计，电磁搅拌器，玻璃电极，甘汞电极；滴定管，移液管，计算机(PC-586)。

2. 试剂

0.1 mol·L^{-1} NaOH 标准溶液，乙酸标准溶液，甲酸标准溶液，标准缓冲溶液，1.0 mol·L^{-1} KCl 溶液。

五、实验步骤

1. 滴定标准酸溶液

准确移取 5.00 mL 甲酸或乙酸标准溶液于 250 mL 烧杯中，加入 10.00 mL 1.0 mol·L^{-1} KCl 溶液，加入 85 mL 去离子水，稀释至 100 mL。插入电极，在搅拌下用 0.1 mol·L^{-1} NaOH 标准溶液滴定至指定 pH 值(3.80、4.10、4.40、4.70、5.00、5.30、5.60)，并记录相应的滴定体积于表 5-24 中。

2. 样品的测定

准确移取 10.00 mL 样品于 250 mL 烧杯中，加入 10.00 mL 1.0 mol·L^{-1} KCl 溶液，加入 80 mL 去离子水稀释至 100 mL。插入电极，在搅拌下用 0.1 mol·L^{-1} NaOH 标准溶液滴定至上述相同 pH 值处，记录相应的滴定体积于表 5-25 中。

(以上滴定均需插入温度计，保持恒温)

注意：

(1)滴定标准酸溶液与样品溶液必须都滴定至相同的 pH 值，否则会带来较大的误差，因此滴定速度要慢一些，在快到指定 pH 值时，需半滴甚至 1/4 滴加入。

(2)温度有较大变化时，必须对 pH 计做温度补偿。

(3)用滴定管加入 85 mL 去离子水时，若滴加速度太快，必须等待一段时间再读数。

六、实验数据及处理

表 5-24　NaOH 滴定标准溶液所消耗体积

pH 值	3.80	4.10	4.40	4.70	5.00	5.60
NaOH 消耗体积/mL						

表 5-25　NaOH 滴定待测溶液所消耗体积

pH 值	3.80	4.10	4.40	4.70	5.00	5.60
NaOH 消耗体积/mL						

七、思考题

1. pH 计使用前是否需进行校正？为什么？如何校正？
2. 测定混合酸时出现两个突跃，说明何种物质与 NaOH 发生反应？生成何种产物？

实验 31　混合物的气相色谱分析(归一化法)

一、实验目的

1. 掌握气相色谱分析的基本原理和操作。
2. 学习保留值的测定及分离度的计算。
3. 学习峰面积的测量和用归一化法计算各组分的含量。

二、实验原理

有机混合物主要含有环己烷、正丁醇、甲苯及对二甲苯等组分，利用组分在流动相(载气)和固定相间分配系数的差异，通过色谱柱经反复多次分配，以达到分离的目的。当两组分的流出峰的分离度 $R \geqslant 1.5$ 时，认为两组分完全分开。当对混合组分的分离较好时，可利用保留时间对组分进行定性；利用峰面积对组分进行定量，进而求得组分含量。

本实验以氢气为载气，以邻苯二甲酸二壬酯加有机皂土为固定液涂布在 101 白色硅烷化担体(60~80 目)上构成固定相，使各组分分开，其色谱图如图 5-2 所示。

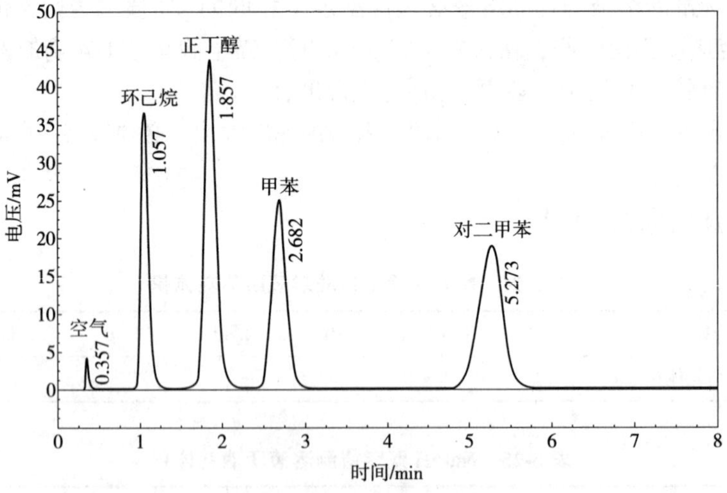

图 5-2　气相色谱流出曲线

三、任务专题

(1)开机预热：氢气发生器、气相色谱仪开机。

(2)设置操作条件：进样口、检测器、色谱柱温度以及载气流速。

(3)混合样品：将环己烷、正丁醇、甲苯及对二甲苯按一定比例混合在样品瓶中。

(4)进样：用微量进样器吸取样品，进样。

(5)定性：进标准样，标记标准样的保留时间。

(6)峰信息采集记录：按“start”键开始信号采集。

(7)组分含量计算：对色谱曲线进行积分处理，并根据归一化法计算面积。

四、实验仪器和试剂

1. 仪器

气相色谱仪，氢气发生器，10 μL 微量注射器，邻苯二甲酸二壬酯气相填充柱，100~1000 μL 移液枪。

2. 试剂

环己烷(AR)，正丁醇(AR)，甲苯(AR)，对二甲苯(AR)。

五、实验步骤

1. 操作条件

检测器：热导池检测器(TCD)桥电流 120 mA；

温度：色谱柱　100℃；

　　　检测器　145℃；

　　　气化室　160℃；

载气流速：H_2　50 mL·min^{-1}；

进样量：4 μL。

2. 操作

(1)开启氢气发生器开关，接通载气，调节流量控制器至所需的流量。

(2)先打开气相色谱仪电源开关，再分别设置柱恒温箱、气化室、检测器室的实验温度，按“SYSTEM”键，启动系统。

(3)待气化室、柱恒温箱、检测器室达到设置温度后，可开启热导池检测器，调节好设定的桥电流值。再调零至基线稳定，即可进行分析。

(4)微量注射器吸入 4 μL 混合物样品(有两种混合物样品可选)，再抽入 6 μL 空气，一并注入色谱中，同时启动记录仪，获得色谱图。(注意：为了保证采集到空气峰，学生最好先点击“采集数据”，后进样。)

(5)分析结束后，先关闭检测器桥路(设置桥流为零)，再使气化室、柱恒温室、检测器室温度冷却后关闭仪器的总电源，最后关闭载气气源。

六、实验数据及处理

将相关实验数据及处理结果填写于表 5-26。

表 5-26 原始数据记录与组分含量计算表

	空气	环己烷	正丁醇	甲苯	对二甲苯
保留时间 t_R/min					
调整保留时间 t'_R/min					
相对保留值 r_{21}					
纯样峰面积 A					
体积校正因子 f					
混合样峰面积 A					
c%					

相关计算公式为：

$$t'_R = t_R - t_M \tag{5-29}$$

$$r_{21} = t'_{R2} / t'_{R1} \tag{5-30}$$

$$f'_i = A_i / \Sigma A_{甲苯} \tag{5-31}$$

$$c_i\% = A_i \cdot f'_i / \Sigma A_i \cdot f'_i \tag{5-32}$$

七、注意事项

(1) 色谱柱温度不能超过 150℃，以防固定液流失。

(2) 微量注射器应以所吸样品洗涤 3 次，然后再吸入所需体积的样品。

(3) 进样时，注射器针头应完全插入进样口，然后将活塞一推到底，立即拔出注射器。

(4) 要等前一针样品的色谱图完全获得之后，才能注入下一样品，以免色谱峰重叠。

八、思考题

1. 气相色谱法对分析对象的要求是什么？
2. 什么是归一化法定量？何时能用？
3. 保留值在色谱定性中有什么意义？
4. 何为最佳线速度？载气流速大小对分离效果有何影响？
5. 柱温选择的依据是什么？采用程序升温有何优点？
6. 影响柱效的主要因素有哪些？

实验 32　气相色谱法测定乙醇中少量杂质的含量(外标法)

一、实验目的

1. 学习固定液的涂渍、色谱柱的装填和老化处理方法。
2. 学习色谱柱的柱效测定方法。
3. 学习外标法定量的基本原理及鉴定试样中杂质含量的方法。
4. 了解氢火焰检测器的基本原理。

二、实验原理

最好的工业乙醇纯度只有 99.9%，其他为工业甲醇等杂质。甲醇沸点是 64.7℃，乙醇沸点是 78℃，相差 13℃，因此不可能通过蒸馏实现 100%完全分离。食用乙醇需要严格限制甲醇含量，因此测定乙醇中杂质的含量非常关键。

色谱柱的柱效能是色谱柱的一项重要指标。在一定色谱条件下，色谱柱的柱效可以用理论塔板数或理论塔板高度来衡量，在实际工作中使用有效塔板数 $n_{有效}$ 及有效塔板高度 $H_{有效}$ 来表示，以真实反映色谱柱分离效果的好坏，计算公式为：

$$n_{有效} = 5.54\left(\frac{t'_R}{W_{\frac{1}{2}}}\right)^2 = 16\left(\frac{t'_R}{W_b}\right)^2 \tag{5-33}$$

$$H_{有效} = \frac{L}{n_{有效}} \tag{5-34}$$

$$t'_R = t_R - t_M \tag{5-35}$$

式中　t'_R——调整保留时间；

$W_{1/2}$——半高宽；

W——峰底宽；

L——柱长；

t_M——死时间。

外标法定量是用组分 i 的纯物质配制成已知浓度的标准样，在相同的操作条件下，分析标准样和未知样，根据组分量与相应峰面积或峰高呈线性关系，则在标准样与未知样进样量相等时，由式(5-36)计算组分的含量：

$$c_i\% = \frac{A_i}{A_{is}} \times c_{is}\% \tag{5-36}$$

式中　c_{is}——标准样中组分 i 的含量；

c_i——样品中组分 i 的含量；

A_{is}——标样中组分 i 的峰面积；

A_i——样品中组分 i 的峰面积。

三、任务专题

(1)担体的干燥处理：60 g 红色硅藻土担体，105℃干燥 4~6 h。

(2)固定液涂渍：邻苯二甲酸二壬酯固定液 7.5 g，加入乙醚溶解后，加入 50 g 担体，摇匀，于通风橱内使乙醚自然挥发完毕，移至红外线干燥箱内烘干 20~30 min。

(3)不锈钢管的洗涤与干燥：2 m×3 mm 不锈钢色谱柱，盐酸溶液浸泡后洗至中性，再用氢氧化钠溶液浸泡用水洗至中性，烘干备用。

(4)制备气相色谱柱：真空泵抽气填入固定相，填满后用玻璃纤维塞紧柱两端。

(5)色谱柱老化：把填好的色谱柱与色谱仪进样口接好，出气口直通大气，载气流量为 5~10 $mL \cdot min^{-1}$，柱温 150℃，老化处理 8 h。

(6)标准样品配制：取无水乙醇 5 等份，分别加入纯乙醚 60 μL、120 μL、180 μL、240 μL、300 μL 配得标准溶液 5 瓶。

(7)标准样品检测：从各标样瓶中吸取 5 μL 注入色谱仪得各标准溶液色谱图。

(8)待测样品分析：取试样 5 μL，于相同条件下进行分析，得色谱图。

四、实验仪器和试剂

1. 仪器

气相色谱仪，色谱数据工作站，真空泵，不锈钢色谱柱 2 m ×3 mm，氢气，空气，氮气高压钢瓶，皂膜流量计，微量注射器(1 μL、100 μL)，漏斗，甲烷气袋。

2. 试剂

固定液：邻苯二甲酸二壬酯(DNP，色谱纯)，担体(6201 红色硅藻土，60 ~ 80 目)，乙醚，盐酸，氢氧化钠，苯，甲苯，甲醇。

五、实验步骤

1. 实验条件

色谱柱 DNP，6201 担体(15∶100，60~80 目)；氮气流量 5 $mL \cdot min^{-1}$；空气 30 $mL \cdot min^{-1}$；氢气 30 $mL \cdot min^{-1}$；检测器：氢火焰离子化检测器。柱温，110℃；气化室温度 150℃；检测室温度 150℃。

2. 色谱柱的装填与老化

(1)称取 60 g 60~80 目 6201 红色硅藻土担体，置于 400 mL 烧杯中，在 105℃烘箱内干燥 4~6 h。

(2)称取固定液邻苯二甲酸二壬酯 7.5 g 于 150 mL 蒸发皿中，加入适量乙醚溶解(乙醚的加入量应能浸没担体并保持有 3~5 mm 的液层)，然后加入 50 g 6201 担体，摇匀，置于通风橱内使乙醚自然挥发，待乙醚挥发完毕，移至红外线干燥箱内烘干 20~30 min 即可装填。

(3)取一根长 2 m、内径 3 mm 不锈钢色谱柱，用 50 mL 1 $mol \cdot L^{-1}$盐酸溶液浸泡

5～6 min，用水抽洗至中性，再用50 mL 1 mol·L^{-1}氢氧化钠溶液浸泡抽洗，再用水抽洗至中性，烘干备用。采用真空泵抽气填入固定相，填满后用玻璃纤维塞紧柱两端。

(4)色谱柱的老化：把填好的色谱柱与色谱仪进样口接好，出气口直通大气，开启载气，流量为5～10 mL·min^{-1}，检查气路连接处不漏气，打开色谱仪电源，调节柱温150℃，老化处理8 h。

3. 色谱柱的柱效测定

根据实验条件，将色谱仪按仪器操作规程调至待测状态，当仪器上电路和气路系统达到平衡，记录图上基线平直时，即可进样。吸取1 μL 1 g·L^{-1}的苯和甲苯溶液进样，得苯和甲苯的色谱图，并重复两次。用100 μL进样器抽取50 μL甲烷进样，得死时间t_M。

4. 乙醇中乙醚含量的测定

取无水乙醇5份，每份5 mL，分别加入纯乙醚60 μL、120 μL、180 μL、240 μL、300 μL配得标准溶液5瓶，从每瓶中吸取1 μL注入色谱仪得各标准溶液色谱图，将以上溶液的保留时间和峰面积结果记录于表5-28；取含杂质的乙醇试样5 μL，于相同条件下进行分析，得色谱图，将保留时间和峰底宽度数据及处理结果记录于表5-27。

5. 停止实验

实验完毕时，用乙醚清洗1 μL注射器，退出色谱工作站，关闭氢气和空气钢瓶，关闭氢火焰离子化检测器及色谱仪开关，待柱箱温度降至室温后关闭载气。

六、实验数据及处理

表5-27　原始数据记录及柱效计算数据表

样　品	甲烷	苯	甲苯
保留时间 t_R/min			
调整保留时间 t'_R/min			
峰底宽度 W/min			
n_{eff}/m			
$H_{eff}\times1000$/mm			

表5-28　乙醚的标准曲线信息及待测样甲醇含量计算表

样　品	标准系列					实际样品
	60	120	180	240	300	
标样浓度/μg·mL^{-1}						
保留时间 t_R/min						
峰面积						
c/μg·mL^{-1}						

七、注意事项

(1)测定时，取样准确，进样要求迅速，瞬间快速取出注射器；注入试样溶液时，不应有气泡。

(2)定期检漏。

(3)杜绝明火，严禁抽烟。

八、思考题

1. 色谱柱管材料应根据什么原则选择？常用的柱管是由什么材质制成的？
2. 常用的固定液涂量为多少合适？
3. 用同一根色谱柱分离不同组分，其塔板数是否一样？为什么？
4. 计算甲醇、乙醇和乙醚之间的分离度。

实验 33　液相色谱法测定食品中的咖啡因

一、实验目的

1. 学习高效液相色谱仪的操作。
2. 了解高效液相色谱法测定咖啡因的基本原理。
3. 掌握高效液相色谱法进行定性及定量分析的基本方法。

二、实验原理

咖啡因又称咖啡碱，是从茶叶或咖啡中提取而得的一种生物碱，它属黄嘌呤衍生物，化学名称为 1，3，7-三甲基黄嘌呤。咖啡因能兴奋大脑皮层，使人精神兴奋。咖啡中含咖啡因为 1.2%~1.8%，茶叶中含 2.0%~4.7%。可乐饮料、APC 药片等中均含咖啡因。其分子式为 $C_8H_{10}O_2N_4$。

定量测定咖啡因的传统分析方法是采用萃取分光光度法(见实验 24)。用反相高效液相色谱法将饮料中的咖啡因与其他组分(如单宁酸、咖啡酸、蔗糖等)分离后，将已配制的浓度不同的咖啡因标准溶液注入色谱系统。如流动相流速和泵的压力在整个实验过程中是恒定的，测定它们在色谱图上的保留时间 t_R 和峰面积 A 后，可直接用 t_R 定性，用峰面积 A 作为定量测定的参数，采用工作曲线法(即外标法)测定饮料中的咖啡因含量。

三、任务专题

(1)配制咖啡因标准储备液以及标准溶液系列。

(2)开机预热并设置操作条件。

(3)处理可乐、咖啡、茶叶样品，得到待测液备用。

(4)仪器稳定后制作咖啡因标准曲线。

(5)待测液经干过滤、针头过滤器过滤后收集样品，进样测定。

(6)对待测样品进行定性(流出时间)、定量(外标法)分析。

四、实验仪器和试剂

1. 仪器

高效液相色谱仪，流动相进入色谱系统前，用超声波发生器脱气 10 min；流动相：30%甲醇(色谱纯)+70%高纯水；色谱柱：C18，5 μm，150 mm×4.6 mm；20 μL 平头微量注射器。

2. 试剂

咖啡因标准储备溶液：将咖啡因在 110℃下烘干 1 h。准确称取 0.1000 g 咖啡因，用二次蒸馏水溶解，定量转移至 100 mL 容量瓶中，并稀释至刻度。标样浓度 1000 $\mu g \cdot mL^{-1}$。

测饮料试液：百事可乐、茶叶、速溶咖啡。

五、实验步骤

(1)标准系列配制：用标准储备液配制质量浓度分别为 20 $\mu g \cdot mL^{-1}$、40 $\mu g \cdot mL^{-1}$、60 $\mu g \cdot mL^{-1}$、80 $\mu g \cdot mL^{-1}$的标准系列溶液(即将体积分别为 1 mL、2 mL、3 mL、4 mL 的标准储备液稀释为 50 mL)。

(2)色谱仪条件设置：泵流速：1.0 $mL \cdot min^{-1}$；检测波长：275 nm；进样量：10 μL；柱温：室温。

(3)样品预处理：①将约 25 mL 百事可乐置于 100 mL 洁净、干燥的烧杯中，剧烈搅拌 30 min 或用超声波脱气 5 min，以赶尽可乐中二氧化碳。②准确称取 0.04 g 速溶咖啡，用 90℃蒸馏水溶解，冷却后待用。③准确称取 0.04 g 茶叶，用 20 mL 蒸馏水煮沸 10 min，冷却后，将上层清液过滤回收，并按此步骤再重复一次。将上述 3 种样品分别转移至 50 mL 容量瓶中，并定容至刻度。

(4)进样：仪器基线稳定后，进咖啡因标准样，浓度由低到高。

(5)上述 3 份样品溶液分别进行干过滤(即用干漏斗、干滤纸过滤)，弃去前过滤液，取后面的过滤液，备用。

(6)分别取 5 mL 可乐、咖啡饮料和茶叶水用 0.45 μm 的过滤膜过滤后，注入 2 mL 样品瓶中备用。

(7)高效液相色谱法分析标准溶液及各饮品试液，并将原始数据及处理结果分别记录于表 5-29 和表 5-30 中。

六、实验数据及处理

表 5-29 标准溶液流出曲线信息

序号	标样浓度/μg · L^{-1}	保留时间 t_R/min	色谱峰面积 S	色谱峰高度 H
1	20			
2	40			
3	60			
4	80			

表 5-30 样品流出曲线信息记录及咖啡因含量计算表

序号	样品	保留时间 t_R/min	色谱峰面积 S	色谱峰高度 H
1	茶叶			
2	百事可乐			
3	速溶咖啡			

七、注意事项

(1)不同的可乐、茶叶、咖啡中咖啡因含量不大相同，称取的样品量可酌量增减。

(2)若样品和标准溶液需保存，应置于冰箱中。

(3)为获得良好结果，标准和样品的进样量及操作条件要严格保持一致。

八、思考题

1. 用标准曲线法定量的优缺点是什么？
2. 标准加入法如何操作？其优点是什么？
3. 根据结构式，咖啡因能用离子交换色谱法分析吗？为什么？
4. 在样品干过滤时，为什么要弃去前过滤液？这样做会不会影响实验结果？为什么？

第六章　综合实验及自行设计实验

实验 34　蛋壳中钙镁含量的测定

方法Ⅰ　配合滴定法

一、实验目的

1. 掌握配合滴定分析的方法与原理。
2. 学习使用配合掩蔽排除干扰离子影响的方法。
3. 熟练对实验试样中某组分含量测定的一般步骤。

二、实验原理

鸡蛋壳的主要成分为 $CaCO_3$，其次为 $MgCO_3$、蛋白质、色素以及少量的铁、铝。在 pH=10，用铬黑 T 作指示剂，EDTA 可直接测量 Ca^{2+}、Mg^{2+} 总量，为提高配合选择性，在 pH=10 时，加入掩蔽剂三乙醇胺使之与 Fe^{3+}，Al^{3+} 等离子生成更稳定的配合物，以排除它们对 Ca^{2+}、Mg^{2+} 离子测量的干扰。结果以 CaO 进行计算。根据式(6-1)计算得到 CaO 的质量分数 W。

$$W=\frac{c_Y V_Y M_{CaO}}{m_{称}}\times\frac{250.00}{25.00}\times 100\% \tag{6-1}$$

式中　W——CaO 的质量分数；

$m_{称}$——蛋壳粉称量量；

c_Y——EDTA 溶液浓度；

V_Y——EDTA 溶液消耗体积；

M_{CaO}——CaO 的相对分子质量。

三、任务专题

(1)样品处理：蛋壳经预处理(清洗、煮沸、烤干、研碎)后准确称取 0.3 g 于100 mL 烧杯中。

(2)待测液制备：向蛋壳粉末中加入 6 mol · L^{-1} HCl 4～5 mL，微火加热至全溶，加水稀释转移至 250 mL 容量瓶中，并充分回收溶质定容(若有泡沫，滴加 95%乙醇

2～3 滴）。

（3）Ca^{2+}、Mg^{2+}总量测定：吸取待测液 25.00 mL 于三角瓶中，加入三乙醇胺，加氨性缓冲溶液，加铬黑 T 指示剂，用 EDTA 滴定至纯蓝色。

（4）含量计算：以 CaO 含量表示 Ca^{2+}、Mg^{2+}总量。

四、实验试剂

6 $mol \cdot L^{-1}$ HCl，0.01 $mol \cdot L^{-1}$EDTA 标准溶液，$NH_4Cl-NH_3 \cdot H_2O$ 缓冲溶液（pH＝10），铬黑 T 指示剂，1∶2 三乙醇胺-水溶液。

五、实验步骤

（1）蛋壳预处理：先将蛋壳洗净，加水煮沸 5～10 min，去除蛋壳内表层的蛋白薄膜，然后把蛋壳放于烧杯中用小火烤干，研成粉末。

（2）根据蛋壳中大概的 Ca^{2+}、Mg^{2+}含量自拟蛋壳称量范围，并设计配位法测定的实验方案。

（3）待测液制备：准确称取 0.3 g 蛋壳粉末，小心滴加 6 $mol \cdot L^{-1}$ HCl 4～5 mL，微火加热至完全溶解（少量蛋白膜不溶），冷却，转移至 250 mL 容量瓶，稀释至接近刻线，若有泡沫，滴加 2～3 滴 95%乙醇，泡沫消除后，滴加水至刻线摇匀。

（4）Ca^{2+}、Mg^{2+}总量的测定：吸取试液 25.00 mL 置于 250 mL 锥形瓶中，分别加去离子水 20 mL、三乙醇胺 5 mL，摇匀。再加 $NH_4Cl-NH_3 \cdot H_2O$ 缓冲液 10 mL，摇匀。放入少许铬黑 T 指示剂，用 EDTA 标准溶液滴定至溶液由暗红色恰变纯蓝色，即达终点，根据 EDTA 消耗的体积计算 Ca^{2+}、Mg^{2+}总量，以 CaO 的含量表示。

（5）将原始数据及蛋壳中 CaO 含量的计算结果填写于表 6-1 中。

六、实验数据及处理

表 6-1 实验数据记录与 CaO 含量计算

样 品	1	2	3
蛋壳粉质量 m/g			
$V_{Y起始}$/mL			
$V_{Y终止}$/mL			
$V_Y = V_{Y终止} - V_{Y起始}$/mL			
W/%			
$\overline{W}$/%			

七、思考题

1. 如何确定蛋壳粉末的称量范围？（提示：先粗略确定蛋壳粉中钙、镁含量，再估计蛋壳粉的称量范围）

2. 蛋壳粉溶解稀释时为何加95%乙醇可以消除泡沫？

3. 试列出求钙、镁总量的计算式（以 CaO 含量表示）。

方法Ⅱ　酸碱滴定法

一、实验目的

1. 学习用酸碱返滴定方法测定 $CaCO_3$ 的原理及指示剂选择。

2. 巩固返滴定分析基本操作。

二、实验原理

蛋壳中的碳酸盐能与 HCl 发生如下反应：

$$CaCO_3+2H^+ = Ca^{2+}+CO_2\uparrow+H_2O \tag{6-2}$$

过量的酸可用标准 NaOH 回滴，根据实际与 $CaCO_3$ 反应标准盐酸体积，依据式（6-3）求得蛋壳中 CaO 含量，以 CaO 质量分数 W（CaO）表示。

$$W_{CaO}=\frac{(c_{HCl}V_{HCl}-c_{NaOH}V_{NaOH})\times\frac{56.08}{2000}}{m_{样品}}\times100\% \tag{6-3}$$

三、任务专题

（1）NaOH、$KHC_8H_4O_4$（KHP）基准物称样量设计以及浓 HCl 量取量估算。

（2）0.5 mol · L^{-1} NaOH 溶液配制：8 g NaOH→400 mL 去离子水中。

（3）0.5 mol · L^{-1} HCl 溶液配制：17 mL 浓 HCl→400 mL 去离子水中。

（4）KHP 待滴定液的准备：准确称取 KHP 约 2.5 g，加水 50mL 微热溶解。

（5）NaOH 的 $KHC_8H_4O_4$ 基准物（准确称取约 2.55 g）标定：向 KHP 待滴定液中加入酚酞后，用 NaOH 溶液滴定至浅粉色终点。

（6）HCl 的 NaOH 标准溶液标定：移取 HCl 溶液 25.00 mL，加入酚酞 1～2 滴，用 NaOH 溶液滴定至浅粉色终点。

（7）CaO 含量的测定（返滴定法）：准确称取 0.1 g 蛋壳粉于锥形瓶中，加入 25.00 mL HCl，小火加热溶解，冷却后加入 2 滴酚酞，用 NaOH 溶液滴定至浅粉色终点。

四、实验试剂

浓 HCl(AR)，NaOH(AR)，酚酞指示剂，邻二苯甲酸氢钾(AR)。

五、实验步骤

(1)0.5 mol·L^{-1} NaOH 配制：称取 8 g NaOH 固体于小烧杯中，加 H_2O 溶解后移至试剂瓶中用蒸馏水稀释至 400 mL，加橡皮塞，摇匀。

(2)0.5 mol·L^{-1} HCl 配制：用量筒量取浓盐酸 17 mL 于试剂瓶中，用蒸馏水稀释至 400 mL，加盖，摇匀。

(3)0.5 mol·L^{-1} NaOH 溶液的标定：准确称取约 2.5 g 基准 $KHC_8H_4O_4$ 3 份于锥形瓶中，分别加入 50 mL 去离子水，摇匀，温热使溶解后加入 1~2 滴酚酞指示剂，用实验步骤(1)中配制的 NaOH 溶液滴定至浅粉色即为终点，平行 3 次。计算 NaOH 溶液的精确浓度。将数据结果记录于表 6-2 NaOH 标定部分。

(4)0.5 mol·L^{-1} HCl 溶液的标定：以酚酞为指示剂，用实验步骤(3)中 NaOH 标准溶液滴定 25.00 mL HCl 溶液至浅粉色，平行 3 次。计算 HCl 的准确浓度。将数据及结果记录于表 6-2 HCl 标定部分。

(5)蛋壳粉中 CaO 含量测定：准确称取经预处理的蛋壳 0.1 g(精确至 0.1mg)左右，于 3 个锥形瓶内，用移液管加入已标定好的 HCl 标准溶液 25 mL 左右，小火加热溶解，冷却，加酚酞指示剂 2 滴，以 NaOH 标准溶液回滴至浅粉色。将原始数据及数据处理结果记录于表 6-2 中样品测定部分。

六、实验数据及处理

表 6-2　实验原始数据记录与相关浓度及含量计算

样　品		1	2	3
邻苯二甲酸氢钾质量 m/g				
NaOH 标定	$V_{NaOH起始}$/mL			
	$V_{NaOH终止}$/mL			
	c_{NaOH}/mol·L^{-1}			
HCl 标定	V_{HCl}/mL			
	$V_{NaOH起始}$/mL			
	$V_{NaOH终止}$/mL			
	c_{HCl} /mol·L^{-1}			
蛋壳粉质量/g				
V_{HCl}/mL				

（续）

样　品	1	2	3
V_{NaOH}/mL			
$V_Y = V_{Y终止} - V_{Y起始}$/mL			
W/%			
$\bar{W}$/%			

七、注意事项

(1)蛋壳中钙主要以 $CaCO_3$ 形式存在，同时也有 $MgCO_3$，因此以 CaO 存量表示 Ca^{2+}、Mg^{2+} 总量。

(2)由于酸较稀，溶解时需加热一定时间，试样中有不溶物(如蛋白质之类)，但不影响测定。

八、思考题

1. 蛋壳称样量多少是依据什么估算？
2. 蛋壳溶解时应注意什么？
3. 为什么说 CaO 是表示 Ca^{2+} 与 Mg^{2+} 的总量？

方法Ⅲ　高锰酸钾法

一、实验目的

1. 学习间接氧化还原测定 CaO 的含量。
2. 巩固沉淀分离、过滤洗涤与滴定分析基本操作。

二、实验原理

利用蛋壳中的 Ca^{2+} 与草酸盐形成难溶的草酸盐沉淀，反应方程式如式(6-4)所示，将沉淀经过滤、洗涤、分离后，加硫酸溶解(此处只能用硫酸，不可以用硝酸或者盐酸)，反应方程式如式(6-5)，然后，在酸性加热条件下，用高锰酸钾法测定 $C_2O_4^{2-}$ 含量，反应过程如式(6-6)，根据物质的量对应关系，如式(6-7)所示，进而得到 CaO 的含量表达式(6-8)。

$$Ca^{2+} + C_2O_4^{2-} \xlongequal{} CaC_2O_4 \downarrow \tag{6-4}$$

$$CaC_2O_4 + H_2SO_4 \xlongequal{} CaSO_4 + H_2C_2O_4 \tag{6-5}$$

$$5H_2C_2O_4 + 2MnO_4^- + 6H^+ \xlongequal{} 2Mn^{2+} + 10CO_2 \uparrow + 8H_2O \tag{6-6}$$

$$n_{CaO}=n_{C_2O_4^{2-}}=\frac{5}{2}c_{MnO_4^-}\times V_{MnO_4^-} \tag{6-7}$$

$$W=\frac{n_{CaO}\times M_{CaO}}{m}\times 100\% \tag{6-8}$$

三、任务专题

(1)样液制备：准确称取蛋壳粉0.05 g，加入1∶1 HCl 3 mL，去离子水20 mL加热使溶解，过滤分离不溶蛋白。

(2)沉淀：在制备的样液中加入草酸胺溶液，加热，用甲基橙指示剂通过氨水调制溶液pH值在5左右，形成草酸铵-氨水缓冲使Ca^{2+}缓慢沉淀，洗涤沉淀至无Cl^-($AgNO_3$检验)。

(3)待测液制备：向所得草酸钙沉淀中加H_2SO_4溶液，溶解沉淀，加水洗涤回收滤纸上的溶质至烧杯。

(4)含量测定：将待测溶液加热至70~80℃，用$KMnO_4$标准溶液滴定至浅红色，加入滤纸，继续滴至呈现浅粉色，30 s不褪色即为终点。

(5)含量计算。

四、实验试剂

0.01 mol·L^{-1} $KMnO_4$，2.5%$(NH_4)_2C_2O_4$，10% $NH_3·H_2O$，1 mol·L^{-1} H_2SO_4，1∶1 HCl，0.2%甲基橙，浓HCl，0.1 mol·L^{-1} $AgNO_3$。

五、实验步骤

(1)准确称取蛋壳粉两份0.05 g，分别放在250 mL烧杯中，加1∶1 HCl 3 mL、H_2O 20 mL，加热溶解，若有不溶蛋白质，可过滤。

(2)滤液置于烧杯中，加入5%草酸胺溶液50 mL，若出现沉淀，再滴加浓HCl使之溶解，然后加热至70~80℃，加入2~3滴甲基橙，溶液呈红色，逐滴加入10%氨水，不断搅拌，直至变黄并有氨味逸出为止。

(3)将溶液放置陈化(或水浴加热30 min陈化)，沉淀经过滤洗涤，直至无Cl^-离子(用硝酸银检验)。

(4)将带有沉淀的滤纸铺在先前用来进行沉淀的烧杯内壁上，用1 mol·L^{-1} H_2SO_4 50 mL把沉淀由滤纸洗入烧杯中，再用洗瓶吹洗1~2次，然后稀释溶液至体积约为100 mL。

(5)加热溶液至70~80℃，用$KMnO_4$标准溶液滴定至溶液呈浅红色为终点，再把滤纸推入溶液中，再滴加$KMnO_4$至浅红色在30 s内不消失为止。计算CaO的质量分数。

(6)将以上原始数据及数据处理结果记录于表6-3中，要求相对偏差小于0.2%。

六、实验数据及处理

表 6-3　数据记录与结果计算

样　品	1	2
蛋壳粉质量 m/g		
$V_{高锰酸钾起始}/mL$		
$V_{高锰酸钾终止}/mL$		
$V_{高锰酸钾消耗}/mL$		
$W/\%$		
$\overline{W}/\%$		

七、思考题

1. 用$(NH_4)_2C_2O_4$沉淀 Ca^{2+}，为什么要先在酸性溶液中加入沉淀剂，然后在 70～80 ℃时滴加氨水至甲基橙变黄，使 CaC_2O_4沉淀？

2. 为什么沉淀要洗至无 Cl^-离子为止？

3. 如果将带有 CaC_2O_4沉淀的滤纸一起投入烧杯，以 H_2SO_4 处理后再用 $KMnO_4$滴定，这样操作对结果有什么影响？

4. 试比较 3 种方法测定蛋壳中 CaO 含量的优缺点？

实验 35　铝合金中铝含量的测定

一、实验目的

1. 了解返滴定方法。
2. 掌握置换滴定方法。
3. 接触复杂试样，以提高分析问题、解决问题的能力。
4. 根据实际测定可能遇到的问题设计实验方案。

二、实验原理

由于 Al^{3+}易形成一系列多核羟基配合物，这些多核羟基配合物与 EDTA 配合缓慢，故通常采用返滴定法测定铝。加入定量且过量的 EDTA 标准溶液，在 pH≈3.5 时煮沸几分钟，使 Al^{3+}与 EDTA 配位滴定完全，继而在 pH 值为 5～6 时，以二甲酚橙为指示剂，用锌盐溶液返滴定过量的 EDTA 而得铝的含量。

此时，$n_{Al}=n_{Y}-n_{Zn}$。

但是，返滴定法测定铝缺乏选择性，所有能与 EDTA 形成稳定配合物的离子都对测定存在干扰。对于像合金、硅酸盐、水泥和炉渣等复杂试样中的铝，往往采用置换滴定法以提高选择性，即在用 Zn^{2+} 返滴定过量的 EDTA 后，加入过量的 NH_4F，加热至沸，使 AlY^- 与 F^- 之间发生置换反应，释放出与 Al^{3+} 的物质的量相等的 H_2Y^{2-}（EDTA）再用锌盐标准溶液滴定释放出来的 EDTA 而得铝的含量。

用置换滴定法测定铝，若试样中含 Ti^{4+}、Zr^{4+}、Sn^{4+} 等离子时，也会发生与 Al^{3+} 相同的置换反应而干扰 Al^{3+} 的测定。这时，就要采用掩蔽的方法，把上述干扰离子掩蔽掉，例如，用苦杏仁酸掩蔽 Ti^{4+} 等。铝合金所含杂质主要有 Si、Mg、Cu、Mn、Fe、Zn，个别还含 Ti、Ni、Ca 等，通常用 HNO_3-HCl 混合酸溶解，也可在银坩埚或塑料烧杯中以 NaOH-H_2O_2 分解后再用 HNO_3 酸化。

三、任务专题

（1）待测液制备：塑料烧杯中加入准确量待测铝样 0.10~0.11 g，加入 10 mL NaOH，沸水浴加热至全溶后冷却，加 HCl 絮凝，继续加 10 mL HCl 后转移，定容 250 mL。

（2）铝+铁含量测定：25.00 mL 待测液中加入 30.00 mL EDTA、2 滴指示剂，加氨水至溶液紫红，再加 HCl 使溶液变黄，用 Zn^{2+} 返滴过量的 EDTA 至溶液变紫红。

（3）铝含量测定：于两溶液中加入 10 mL NH_4F，加热至微沸，冷却后补加二甲酚橙指示剂 2 滴，若溶液为红色，则应加入 HCl 使变黄后，继续用 Zn^{2+} 滴至紫红。

（4）计算铝含量。

四、实验仪器和试剂

1. 仪器

分析天平，移液管，滴定管，容量瓶，烧杯。

2. 试剂

200 g · L^{-1} NaOH，HCl 溶液（1+1，1+3），0.02 mol · L^{-1} EDTA，氨水（1+1），2 g · L^{-1} 二甲酚橙，200 g · L^{-1} 六亚甲基四胺，约 0.02 mol · L^{-1} Zn^{2+} 标准溶液，200 g · L^{-1} NH_4F（贮于塑料瓶中），铝合金试样。

五、实验步骤

（1）准确称取 0.10~0.11 g 铝合金于 50 mL 塑料烧杯中，加入 10 mL NaOH，沸水浴中使其完全溶解，稍冷后，加（1+1）HCl 溶液至有絮状沉淀产生，再多加 10 mL（1+1）HCl 溶液。定量转移试液于 250 mL 容量瓶中，加水至刻度，摇匀。

（2）准确移取上述试液 25.00 mL 于 250 mL 锥形瓶中，加 30 mL EDTA、2 滴二甲酚橙，此时试液为黄色，加氨水至溶液呈紫红色，再加（1+3）HCl 溶液，使溶液呈现黄色。煮沸 3 min，冷却。加 20 mL 六亚甲基四胺，此时溶液应为黄色，如果溶液呈红色，还须滴加(1+3) HCl 溶液，使其变黄。

(3)把 Zn^{2+}滴入锥形瓶中，与多余的 EDTA 配位，当溶液恰好由黄色转变为紫红色时停止滴定。(这次滴定是否需要准确操作，即多滴几滴，或少滴几滴 Zn^{2+}可否？是否需要记录所耗 Zn^{2+}标液的体积？不用 Zn^{2+}标准溶液而用浓度不准确的 Zn^{2+}溶液滴定行不行？)

(4)于上述溶液中加入 10 mL NH_4F，加热至微沸，流水冷却，再补加 2 滴二甲酚橙，此时溶液应为黄色，若为红色，应滴加(1+3) HCl 溶液使其变为黄色。再用 Zn^{2+}标准溶液滴定，当溶液由黄色恰好转变为紫红色时即为终点，根据这次 Zn^{2+}标准溶液所耗体积 V_{Zn}计算铝的质量分数 W_{Al}，重复 2~4 步骤测定 2 次。

(5)根据滴定所耗体积计算铝的含量。将结果与铝合金中所标示的含量进行对比分析，所得数据填写于表 6-4。

六、实验数据及处理

表 6-4　实验结果记录及相关含量计算

实验	铝合金质量 m/g	消耗 Zn^{2+}溶液的体积 V/mL	含量 W/%	平均含量 $\overline{W}$/%
1				
2				

七、注意事项

(1)塑料容器的使用，防止 F^-以及 EDTA 对硬质玻璃的影响。

(2)由于 Al^{3+}与 EDTA 的反应速度较慢，加热促进反应。

(3)各步加料的程度控制，根据指示剂的颜色判断。

八、思考题

1. 为什么测定简单试样中的 Al^{3+}用返滴定法即可，而测定复杂试样中的 Al^{3+}则须采用置换滴定法。

2. 用返滴定法测定简单试样中的 Al^{3+}时，所加入过量 EDTA 溶液的浓度是否必须准确？为什么？

3. 本实验中，六亚甲基四胺的作用是什么？指示剂是什么？其颜色变化特征是什么？

4. 本实验中使用的 EDTA 溶液要不要标定？

5. 为什么加入过量的 EDTA，第一次用 Zn^{2+}标准溶液滴定时，可以不计所消耗的体积？但此时是否须准确滴定溶液由黄色变为紫红色？为什么？

实验36　直接碘量法测定水果中的维生素C含量

一、实验目的

1. 学会从水果中提取维生素C的方法。
2. 了解碘量法的分类、误差来源、误差克服方法以及主要应用。
3. 掌握碘标准溶液的配制及标定。
4. 学习使用直接碘量法测定猕猴桃中维生素C含量。

二、实验原理

维生素C又称抗坏血酸，分子式是$C_6H_8O_2$，在医药上和化学上应用非常广泛。在分析化学中常作为还原剂用于光度法和配位滴定法等，能把Fe^{3+}、Cu^{2+}还原成Fe^{2+}、Cu^{+}，Au(Ⅲ)还原为金属Au等，因此了解它的分析方法十分重要。

维生素C分子中含有还原性的烯二醇基，能被I_2定量氧化为二酮基，反应式如下：

$$C_6H_8O_2+I_2 = C_6H_6O_6+2HI \tag{6-9}$$

由于反应速率较快，可以直接用I_2标准溶液滴定。通过消耗I_2溶液的体积及其浓度可以计算试样中维生素C的含量。由于抗坏血酸具有较强的还原性，在空气中极易被氧化而变成黄色，尤其在碱性介质中更甚，测定时加入HAc使溶液呈弱酸性，可减少维生素C副反应，且不影响滴定速度。

由于I_2的挥发性及对天平的腐蚀性，不宜在分析天平上称重，故经常先配制一个近似浓度的溶液，然后再进行标定。配制I_2溶液时加入过量KI(I_2与KI形成KI_3使溶解度增加，挥发性大大降低)。溶液保存在棕色瓶中放在暗处，避免见光而使浓度发生改变，还应避免与橡皮等有机物接触。

I_2溶液可以淀粉为指示剂，用$Na_2S_2O_3$标准溶液标定，淀粉要在接近终点时加入。否则，淀粉吸附大量I_3^-后，过早形成深灰色化合物，终点不好观察；且较多的I_2被淀粉的胶粒包住，影响其与$Na_2S_2O_3$的反应，使终点拖长。所以，用$Na_2S_2O_3$溶液滴定I_2时应该在大部分的I_2已被还原、溶液呈现淡黄色时才加入淀粉溶液。

标定I_2用的$Na_2S_2O_3$溶液需间接配制，主要原因是：①$Na_2S_2O_3$中一般含有S、NaCl等杂质，不能直接配制为标准溶液。②$Na_2S_2O_3$在中性和弱碱性的溶液中较稳定，酸性溶液中不稳定，易分解。③配制$Na_2S_2O_3$溶液时需用新煮沸并且冷却了的蒸馏水，煮沸是为了除去二氧化碳以及杀死微生物，热溶液会使$Na_2S_2O_3$分解。④光能促进$Na_2S_2O_3$分解，所以$Na_2S_2O_3$溶液应该保存在棕色的试剂瓶中并且尽可能地避免与空气接触。

$Na_2S_2O_3$的标定选择$K_2Cr_2O_7$，反应条件是：①控制合适的酸度。溶液的酸度越高反应的速率就会越快，但是酸度太大时，碘离子容易被空气氧化，且$Na_2S_2O_3$溶液分解，所以酸度应该以0.2~0.4 mol·L^{-1}为宜。②$K_2Cr_2O_7$与KI的反应速率较慢，所以应将溶液放在带塞的锥形瓶中，并且应该放在暗处一定时间，使二者充分反应。③KI 溶液中不能有碘单质以及碘酸钾。如果 KI 的溶液显黄色，或是酸化后加淀粉显蓝色，就应该用 $Na_2S_2O_3$溶液将其滴定至无色后使用。④滴定前须将溶液稀释，稀释既可以降低酸度使得 I^-被空气的氧化速率减慢又可使 $Na_2S_2O_3$溶液的分解速率减小，而且稀释后 Cr^{3+}的绿色减弱，便于观察终点。

重铬酸钾法标定硫代硫酸钠的反应如式(6-10)和式(6-11)所示。

$$Cr_2O_7^{-}+6I^-+14H^+ = 2Cr^{3-}+7H_2O+3I_2 \quad (6\text{-}10)$$

$$2Na_2S_2O_3+I_2 = Na_2S_4O_6+2NaI \quad (6\text{-}11)$$

根据物质的量的对应关系，可得 $Na_2S_2O_3$ 浓度表达式：

$$c_{Na_2S_2O_3}=6\times\frac{\dfrac{m}{M_{K_2Cr_2O_7}}\times\dfrac{25.00}{250.00}}{V_{Na_2S_2O_3}} \quad (6\text{-}12)$$

式中　m——重铬酸钾称样量，g；

$V_{Na_2S_2O_3}$——标定 $Na_2S_2O_3$浓度时的消耗体积，mL。

采用直接碘量法，以淀粉为指示剂，用所配制的碘水滴定 $Na_2S_2O_3$ 溶液，根据式(6-11)得碘水浓度表达式，如式(6-13)所示。

$$c_{I_2}=\frac{1}{2}\times\frac{c_{Na_2S_2O_3}\cdot V_{Na_2S_2O_3}}{V_{I_2}} \quad (6\text{-}13)$$

式中　V_{I_2}——滴定 $Na_2S_2O_3$时所消耗的体积($V_{Na_2S_2O_3}=25.00$mL)，mL。

采用直接碘量法，以淀粉为指示剂，用碘水滴定猕猴桃萃取液，进而得到猕猴桃中的维生素 C 含量，计算式如式(6-14)所示：

$$W=\frac{c_{I_2}V_{I_2}M_{Vc}}{m_{样}}\times\frac{100.00}{25.00}\times100\% \quad (6\text{-}14)$$

式中　$m_{样}$——榨汁样品质量，g；

V_{I_2}——滴定猕猴桃汁所消耗体积，L；

W——维生素 C 所占质量分数，%。

三、任务专题

(1)溶液配制：配制 $K_2Cr_2O_7$溶液 250 mL；配制 0.1 mol·L^{-1} $Na_2S_2O_3$溶液 300 mL；配制 0.01 mol·L^{-1}碘水溶液 250 mL；配制 2 mol·L^{-1}冰乙酸溶液 170 mL。

(2)溶液标定：$K_2Cr_2O_7$标定 $Na_2S_2O_3$；$Na_2S_2O_3$标定 I_2。

(3)待测液制备：去皮猕猴桃的水+乙酸溶液榨汁、配液，3 份。

(4)维生素 C 含量测定：25 mL 待测液加入淀粉指示剂 2 mL，用碘水溶液滴定至变蓝。

(5)维生素 C 含量计算。

四、实验仪器和试剂

1. 仪器

榨汁机，分析天平，电子称，滴定管，移液管(25 mL)，容量瓶，细口瓶，碘量瓶，锥形瓶，烧杯，滴管，洗耳球，玻璃棒，洗瓶。

2. 试剂

$K_2Cr_2O_7$，$Na_2S_2O_3$，I_2，KI，淀粉，冰乙酸，HCl。

五、实验步骤

1. 溶液的配制

(1)0.1 mol·L^{-1} $K_2Cr_2O_7$溶液：准确称取约 1.2 g 的 $K_2Cr_2O_7$基准物质于小烧杯中，加水溶解并定容至 250 mL 备用。

(2)0.1 mol·L^{-1} $Na_2S_2O_3$溶液：量取 100 mL 0.3 mol·L^{-1}的 $Na_2S_2O_3$溶液加水稀释至 300 mL 于细口瓶中摇匀，放置于暗处保存。

(3)0.01 mol·L^{-1} I_2溶液：量取 0.5 mol·L^{-1}浓碘水 5 mL，加水稀释后转入 250 mL 容量瓶中，摇匀后放在阴暗处。

(4)2 mol·L^{-1}冰乙酸溶液：量取 20 mL 17 mol·L^{-1}冰醋酸溶液加水稀释至 170 mL 置于细口瓶中。

2. 溶液的标定

(1)$Na_2S_2O_3$溶液：移取 25.00 mL $K_2Cr_2O_7$标准溶液于碘量瓶中，加入 3 mL 6 mol·L^{-1} HCl、5 mL KI(足量)，盖上盖子，摇匀后于阴暗处放置 5 min 使反应完全，加入 50 mL的水稀释，以 $Na_2S_2O_3$溶液滴定至黄绿色，加入 1 mL 的淀粉指示剂，继续滴定至溶液呈现亮绿色为终点(此过程中须慢加)。记下 $Na_2S_2O_3$溶液的体积，平行滴定 3 次。计算 $Na_2S_2O_3$ 浓度。将结果记录于表 6-5 标定硫代硫酸钠部分。

(2)I_2溶液：移取 $Na_2S_2O_3$溶液 25 mL 3 份于锥形瓶中，各加入 50 mL 的水、1mL 的淀粉溶液，用 I_2滴定至稳定的蓝色，30 s 不褪色，即为终点，记下 I_2体积，计算 I_2 浓度。将结果记录于表 6-5 标定碘水部分。

3. 样品处理

(1)猕猴桃去皮。

(2)萃取液制备：称取猕猴桃 100 g，分为 3 份，每份用台秤称量质量并记下读数。将 3 份猕猴桃分别放入榨汁机中，进行粉碎，并向榨汁机中加入少量蒸馏水和乙酸溶液，开始榨汁。先用 2 mol·L^{-1}乙酸冲洗，再用大约等体积的蒸馏水冲洗榨汁机，将溶液转入烧杯，最终分别定容 100 mL。

4. 滴定组织样液

(1)移取 25 mL 猕猴桃溶液于 250 mL 锥形瓶中。向猕猴桃溶液中加入 2 mL 淀粉溶液。

(2)用浓度为 0.02 mol·L^{-1}的碘溶液进行滴定。速度不能太快，边滴定边晃动，使碘溶液与被滴定溶液充分混合。

(3)随时注意锥形瓶中溶液的颜色变化，防止碘溶液过量。至锥形瓶中溶液呈蓝色，且在 30 s 内不褪色为止，及时记录末读数。

(4)平行测定 3 组，并计算 3 次所用碘溶液量的平均值。将结果记录于表 6-5 中样品测定部分。

5. 计算所测猕猴桃中的维生素 C 含量

理论计算根据查得资料可知，100 g 猕猴桃中有 100 mg 维生素 C。

$Na_2S_2O_3$溶液的标定：

I_2溶液的标定：

猕猴桃中维生素 C 含量的测定：

六、实验数据及处理

表 6-5　原始数据记录及相关浓度、含量计算

项	目	1	2	3
标定硫代硫酸钠	重铬酸钾称样量/g			
	$Na_2S_2O_3$体积/mL			
	$Na_2S_2O_3$浓度/mol · L^{-1}			
标定碘水	碘水体积/mL			
	$Na_2S_2O_3$体积/mL			
	碘水浓度/mol · L^{-1}			
样品测定	样品质量/g			
	碘水体积/mL			
	质量分数/%			
	平均含量/%			

七、注意事项

(1)硫代硫酸钠应置于棕色瓶中并于暗处保存，且通常放置一周后方可使用。

(2)维生素 C 溶液鲜制测定：因为维生素 C 较强的还原性，易被氧化变质。

(3)Cr^{3+}的颜色干扰：深绿色，低浓度干扰相对较小。

(4)碘量法误差的产生与克服：I_2挥发和I^-被空气氧化。

(5)碘水溶液需放置于暗处，避免被空气氧化。且溶液酸度不可太高。

八、思考题

1. 测定结果比理论值偏高的可能原因有哪些？

2. 对于滴定碘以及用碘滴定其他物质时，滴定一定要迅速。摇动时也不能过于剧烈，原因有哪些？

3. 能不能用重铬酸钾的量直接表达碘水浓度？

实验 37　蔬菜中总硝酸根含量的测定

方法Ⅰ　直接测定法——紫外分光光度法

一、实验目的

1. 掌握蔬菜中硝酸盐的测定原理。
2. 熟悉取样方法、样品的处理、测定和仪器的使用方法。
3. 了解各种试剂的配制方法。

二、实验原理

硝酸根离子和亚硝酸根离子在紫外区 219 nm 处具有等吸收波长特性，用 pH＝9.6～9.7 的氨缓冲液提取样品中硝酸根离子，加活性炭去除色素类，加沉淀剂去除蛋白质及其他干扰物质，在 219 nm 波长下测定提取液的吸光度，结果为硝酸盐和亚硝酸盐吸光度的总和。鉴于新鲜蔬菜、水果中亚硝酸盐含量甚微，可忽略不计，故可将结果视为硝酸盐的吸光度。采用外标法从标准曲线上查得相应样品硝酸根的质量浓度，从而计算得到样品中硝酸盐的含量。

三、任务专题

(1) 样品处理：碎样、提取、待测样配制。

(2) 标准溶液配制：配制浓度为 0～12.0 $mg \cdot L^{-1}$的硝酸根标准溶液系列。

(3) 标准曲线绘制：按浓度由低到高于 219 nm 处测定标准溶液系列的吸光度 A，并绘制得到标准曲线。

(4) 待测样检测：于 219 nm 处测定待测液的吸光度 A 值并获得浓度 c_x，进而得到硝酸根含量 W。

四、实验仪器和试剂

1. 仪器

紫外分光光度计，分析天平(感量 0.01 g、0.0001 g)，研钵，pH 计，可调式往返振荡机。

2. 试剂

HCl，氢氧化铵，活性炭(粉末)，正辛醇。

氨缓冲溶液(pH=9.6~9.7)：量取20 mL HCl，加到500 mL水中，混合后加入50 mL氢氧化铵，用水定容至1000 mL。用精密pH计调pH值到9.6~9.7。

15%亚铁氰化钾溶液：称取150 g亚铁氰化钾溶于水，定容至1000 mL。

30%硫酸锌溶液：称取300 g硫酸锌溶于水，定容至1000 mL。

500 mg·L^{-1}硝酸盐标准溶液：称取0.2039 g经110℃±5℃烘干至恒重的优级纯硝酸钾，用水溶解，定容至250 mL，于冰箱内保存。

五、实验步骤

(1)取样：选取一定数量的生菜，自来水冲洗后，用蒸馏水清洗干净，用吸水纸吸干表面水分，剪碎后充分混匀，称取5.0 g于研钵中充分捣碎。

(2)提取：将匀成浆后的样品少量多次共20 mL水洗净研钵，将样品全部转移到100 mL容量瓶中，加1滴正辛醇消除泡沫，再加入3 mL氨缓冲溶液、0.5 g粉末状活性炭。放置于可调式往返振荡机上(每分钟200次)振荡30 min，加入亚铁氰化钾溶液和硫酸锌溶液各1 mL，充分混合，加水定容至100 mL，充分摇匀，放置5 min，用定量滤纸过滤。同时做空白实验。

(3)测定：根据试样中硝酸盐含量的高低，吸取上述滤液10 mL于50 mL容量瓶内，用水定容。用1 cm石英比色皿，于219 nm处测定吸光度；平行测定3次，并将原始数据记录于表6-6待测样部分。

(4)工作曲线的配制：分别吸取0 mL、0.2 mL、0.4 mL、0.6 mL、0.8 mL、1.0 mL和1.2 mL硝酸盐标准溶液于50 mL容量瓶中，加水定容至刻度，摇匀，此标准系列溶液硝酸根质量浓度分别为0 mg·L^{-1}、2.0 mg·L^{-1}、4.0 mg·L^{-1}、6.0 mg·L^{-1}、8.0 mg·L^{-1}、10.0 mg·L^{-1}和12.0 mg·L^{-1}。用1 cm石英比色皿，于219 nm处测定吸光度，以标准溶液质量浓度为横坐标，吸光度为纵坐标绘制标准曲线。将数据记录于表6-6标准溶液部分。

(5)计算式：

$$W=\frac{c_x\times 50}{5.0}\times\frac{100}{10}\quad \text{mg}\cdot\text{kg}^{-1} \tag{6-15}$$

六、实验数据及处理

表6-6　测定数据记录、处理及相关含量计算

样　品		1	2	3	4	5	6	7
标准溶液	标液浓度/mg·L^{-1}	0	2.0	4.0	6.0	8.0	10.0	12.0
	吸光度 A							
	线性方程							

（续）

样品		1	2	3	4	5	6	7
待测样	样品吸光度 A							
	样品浓度/$mg \cdot L^{-1}$							
	待测样浓度/$mg \cdot kg^{-1}$							
	待测样浓度/$mg \cdot kg^{-1}$							

七、注意事项

（1）本标准适用于新鲜蔬菜及水果中硝酸盐含量的测定。

（2）本实验方法硝酸根检出限为 1.2 $mg \cdot kg^{-1}$。本方法的线性范围为 2.00 ~ 12.00 $mg \cdot kg^{-1}$。

（3）在重复性条件下获得的两次独立测试结果的绝对值不大于这两个测定值的算术平均值的 5%。

（4）由低浓度向高浓度测定，避免高浓度残留干扰。

八、思考题

1. 在提取步骤中加入活性炭的作用是什么？
2. 在提取步骤中加硫酸锌的作用是什么？
3. 紫外分光光度法定量的依据是什么？
4. 本实验测定对比色皿有什么要求？可否用玻璃比色皿进行测定？

方法Ⅱ　水杨酸比色法

一、实验目的

1. 掌握水杨酸法测定微量硝酸根含量的方法。
2. 学习样品处理、溶液配制及仪器使用。

二、实验原理

在浓 H_2SO_4 作用下，NO_3^-与水杨酸反应，生成硝基水杨酸，其在碱性（pH>12.0）条件下在 410 nm 处有最大吸收，并在一定范围内与 NO_3^-含量呈线性关系。生成黄色化合物，颜色可稳定至少 20 min 不褪色，且 Cl^-、NH_4^+等离子对测定无干扰。

反应方程式：

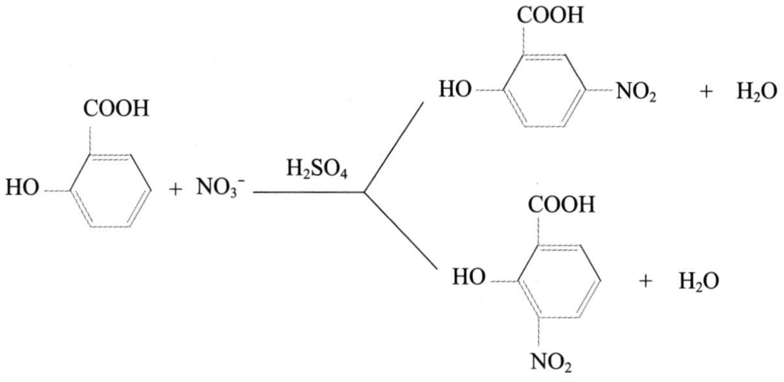

(6-16)

水杨酸　　5-硝基水杨酸（上）,3-硝基水杨酸（下）

三、任务专题

(1)样品前处理：洗、晾、分取、切碎、匀浆、称浆、加硼砂、定容、振荡、脱色、过滤。

(2)标准溶液配制：500 μg · mL^{-1}标准硝酸盐溶液；5%水杨酸-浓 H_2SO_4 溶液；2 mol · L^{-1}NaOH 溶液。

(3)标准曲线绘制：标准硝酸盐溶液系列经反应、显色后，于 410 nm 下测定相应的吸光度 A，并绘制标准曲线图。

(4)样品测定及含量计算：样品的反应，显色，测定吸光度 A，由标准曲线计算含量 W。

四、实验仪器和试剂

1. 仪器

研钵，剪刀，容量瓶，烧杯，棕色试剂瓶，紫外-可见分光光度计，玻璃比色皿。

2. 试剂

500 μg · mL^{-1}硝酸盐标准溶液：准确称取烘干的 0. 6071 g 的 $NaNO_3$，加少量水溶解后，定量转移至 200 mL 容量瓶中，接近刻度时加 4. 00 mL 氯仿，定容。

5%水杨酸-浓 H_2SO_4溶液：称取水杨酸 5 g，溶于 100 mL 浓 H_2SO_4 中，贮存于棕色瓶中备用。

2 mol · L^{-1}NaOH 溶液：称取 NaOH 80 g，加入 500 mL 硬质烧杯中，加水 200 mL 溶解后稀释至 1000 mL。

五、实验步骤

(1)样品前处理：将新鲜蔬菜洗净，晾去表面水分，按不同部位进行分取，切碎，研钵中制成匀浆。准确称取匀浆样 m = 10. 000 g，加入 5 mL 硼砂溶液，用 50 mL 容量瓶定容，倒回原烧杯中，再在 45℃条件下振荡 1 h，去除后加入活性炭粉末脱色，过滤得到无色清亮提取液，体积 V_1。

(2)标准溶液配制：取6支50 mL容量瓶，依次加入标准硝酸盐溶液5 mL、10 mL、15 mL、20 mL、25 mL、30 mL，用二次蒸馏水定容。取7支20 mL比色管，分别加入上述溶液0.20 mL，最后一个加水0.20 mL作为空白，然后分别加入5%水杨酸溶液0.80 mL，摇匀静置20~30 min显色后，加入2 mol·L^{-1} NaOH溶液至刻线。

(3)标准曲线绘制：以空白为参比于410 nm下测定吸光度，并绘制标准曲线并将结果记录于表6-7标准溶液部分。

(4)样品测定：取20 mL比色管，加入0.20 mL样品滤液(V_2)，按步骤(2)显色、配制后，按实验步骤(3)进行测定，平行3次，并将数据记录于表6-7待测样部分。

(5)数据处理：通过代数法或标准曲线法获得样品中硝酸根含量，进而计算蔬菜样品中硝酸根含量。根据标准曲线得到方程：

$$A = Kc \Rightarrow K$$

$$c_{测} = \frac{A_{测}}{K} \tag{6-17}$$

$$W = \frac{c_{测} \cdot V_1}{m} \times \frac{20}{V_2} \quad \mu g \cdot g^{-1} \tag{6-18}$$

将结果记录于表6-7待测样对应位置。

六、实验数据及处理

表6-7 原始数据记录与相关结果计算

样品		1	2	3	4	5	6	7
标准溶液	体积/mL	0	5	10	15	20	25	30
	标液浓度/mg·L^{-1}	0	0.5	1.0	1.5	2.0	2.5	3.0
	吸光度 A							
	线性方程							
待测样	样品吸光度 A							
	样品浓度/mg·L^{-1}							
	待测样浓度/μg·g^{-1}							
	待测样浓度/μg·g^{-1}							

七、注意事项

(1)务必保证样品表面水分晾干。

(2)样品与水杨酸混合显色后再定容。

八、思考题

1. 加入硼砂的作用是什么？
2. 外标法注意事项有哪些？

实验 38　亚硝酸根的测定

方法Ⅰ　盐酸萘乙二胺比色法测定果蔬中的亚硝酸根

一、实验目的

1. 学习重氮化偶合比色法测定亚硝酸盐。
2. 学习溶液的配制与样品处理。

二、实验原理

亚硝酸根可以与氨基苯磺酸重氮化，再与盐酸萘乙二胺偶合形成紫红色染料，其颜色深浅与 NO_2^- 量呈线性关系。其反应如式(6-19)所示：

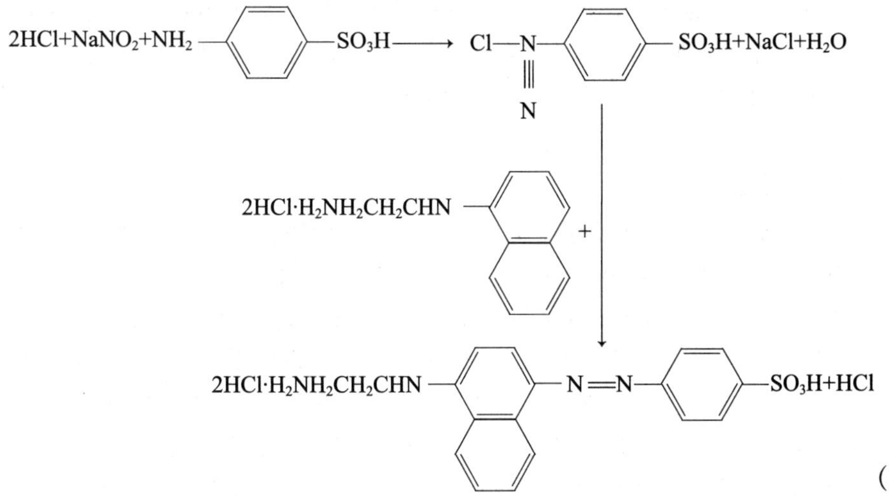

(6-19)

该重氮偶合物在 538 nm 处有最大吸收。

三、任务专题

(1)溶液配制：饱和硼砂溶液、亚铁氰化钾溶液、乙酸锌溶液、氢氧化铝乳液、对氨基苯磺酸溶液、盐酸萘乙二胺溶液、亚硝酸钠标准溶液、果树提取液。

(2)样品处理：打浆、提取、过滤、氢氧化铝定容、过滤得滤液。

(3)标准曲线绘制：配制标准系列，加对氨基苯磺酸重氮化，加盐酸萘乙二胺偶合显色，定容，于538 nm下测定。

(4)样品测定：待测液经重氮化、偶氮化显色后，于538 nm测定，对应得到含量。

四、实验仪器和试剂

1. 仪器

分光光度计，组织捣碎机。

2. 试剂

饱和硼砂溶液：5 g硼酸钠溶于100 mL热的重蒸水中，冷却备用。

亚铁氰化钾溶液：称取106 g亚铁氰化钾溶于水，并稀释至1000 mL。

乙酸锌溶液：称取220 g乙酸锌，加30 mL冰醋酸溶于水，并稀释至1000 mL。

果蔬抽提液：将50 g氯化汞和50 g氯化钡溶解于1000 mL重蒸水中，用浓盐酸调整到pH值为1。

氢氧化铝乳液：将125 g硫酸铝溶解于1000 mL重蒸水中，滴加氨水使氢氧化铝全部沉淀。用蒸馏水反复洗涤，真空抽滤，直至洗液分别用氯化钡溶液检验不发生浑浊。取下沉淀物，加适量重蒸水使之呈薄糨糊状，捣拌均匀备用。

0.4%对氨基苯磺酸溶液：称取0.4 g对氨基苯磺酸，溶于100 mL 20%的盐酸溶液中，避光保存。

0.2%盐酸萘乙二胺溶液：称取0.2 g盐酸萘乙二胺，溶于100 mL重蒸水中。

5 $\mu g \cdot mL^{-1}$亚硝酸钠标准溶液：精确称取0.1000 g亚硝酸铵，以重蒸水定容到500 mL。再吸取此溶液25 mL，以重蒸水定容到1000 mL。

五、实验步骤

(1)样品处理：果蔬类样品用组织捣碎机打浆，用烧杯称取适量浆液(视试样中硝酸盐含量而定，如青刀豆取10 g，桃子、菠萝取30 g)，加入12.5 mL饱和硼砂溶液后，将试样用70℃左右的水200 mL洗入500 mL容量瓶中，沸水浴加热15 min后冷却至室温；加入亚铁氰化钾和乙酸锌溶液各5 mL摇匀以沉淀蛋白质，再加100 mL果蔬抽提液。振荡1 h，加2.5 $mol \cdot L^{-1}$ NaOH溶液40 mL，用重蒸水定容后立即过滤。取60 mL滤液于100 mL容量瓶中，加氢氧化铝乳液至刻度。用滤纸过滤，滤液应为无色透明。

(2)亚硝酸钠标准曲线的绘制：用移液管精确吸取亚硝酸钠标准溶液0.0 mL、0.2 mL、0.4 mL、0.6 mL、0.8 mL、1.0 mL、1.5 mL、2.0 mL、2.5 mL于一组50 mL容量瓶中，各加水至25 mL，分别加入2 mL 0.4%对氨基苯磺酸溶液，摇匀。静置3~5 min后，加入1 mL 0.2%盐酸萘乙二胺溶液，并用重蒸水定容到50 mL，摇匀，静置15 min后，用分光光度计在538 nm波长下测定吸光度，以蒸馏水为空白。以测得的各比色液的吸光度对应的亚硝酸浓度作曲线。比色液中亚硝酸钠浓度为 0~0.3 μg · mL^{-1}时，两者呈直线关系。本法的标准偏差为正负 0.3%。将结果记录于表 6-8 标准溶液部分。

(3)亚硝酸盐的测定：取 40 mL 待测液于 50mL 容量瓶中，加 2 mL 0.4%对氨基苯磺酸溶液，摇匀。静置 3~5 min 后，加入 1 mL 0.2%盐酸萘乙二胺溶液，静置 15 min，538 nm 下比色测定，记录吸光度。从标准曲线上查得相应的亚硝酸钠浓度，根据式(6-20)计算试样中亚硝酸盐(以亚硝酸钠计)的含量。

$$W=\frac{x\times\frac{1}{1000}\times100}{m\times\frac{40}{500}\times\frac{1}{50}}\quad \mathrm{mg\cdot kg^{-1}} \tag{6-20}$$

式中 x——有测得的吸光度值在标准曲线上对应的硝酸钠质量浓度，μg · mL^{-1}；

m——样品质量，g；

W——质量分数,%。

六、实验数据及处理

表 6-8 数据记录与处理

	样 品	1	2	3	4	5	6	7	8	9
标准溶液	体积/mL	0	0.2	0.4	0.6	0.8	1.0	1.5	2.0	2.5
	标液浓度/μg · mL^{-1}	0	0.02	0.04	0.06	0.08	0.10	0.15	0.20	0.25
	吸光度 A									
	线性方程									
待测样	样品	青豆	桃子	菠萝						
	样品吸光度 A									
	样品浓度/mg · L^{-1}									
	含量/μg · g^{-1}									

七、注意事项

(1)注意含汞废液的回收。

(2)由于有机反应相对较慢，亚硝酸溶液与对氨基苯磺酸混合后需静置使反应完全，与盐酸萘乙二胺混合，也需静置约 15 min。

八、思考题

1. 氢氧化铝乳液的作用是什么？
2. 氯化汞和氯化钡的作用是什么？

3. 亚铁离子和锌离子的作用是什么？

方法Ⅱ　甲基红褪色光度法测定微量亚硝酸根

一、实验目的

1. 学习甲基红褪色法测定亚硝酸根。
2. 了解反应的原理。
3. 理解各影响因素的可能影响。

二、实验原理

在稀磷酸体系中，室温条件下，亚硝酸根对溴酸钾氧化甲基红褪色反应有诱导作用，而阳离子表面活性剂十六烷基三甲基氯化铵(CTMAC)的存在，对该反应有明显的增敏作用。据此，以CTMAC为增敏剂，建立了测定痕量亚硝酸根的催化动力学光度法，在室温下溴酸钾氧化甲基红反应速率较慢，但有亚硝酸根加入后速率加快，如再引入阳离子表面活性剂CTMAC时，催化反应速率明显加快。

溴酸钾氧化甲基红褪色反应的原因主要是$KBrO_3$与Br^-进行反歧化反应生成Br_2，然后Br_2与甲基红发生氧化褪色反应，在酸性条件下，NO_2^-作为诱导剂，被$KBrO_3$氧化生成NO同时产生一定量的Br^-，生成的Br^-作为活性中间体迅速与$KBrO_3$作用生成Br_2，而Br_2与甲基红发生氧化褪色反应。以上过程反应方程式如下：

$$BrO_3^- + 3NO_2^- + 6OH^- = Br^- + 3NO_3^- + 3H_2O \qquad (6\text{-}21)$$

$$BrO_3^- + 5Br^- + 6H^+ = Br_2 + 3H_2O \qquad (6\text{-}22)$$

$$MR + CTMAC \longrightarrow MR \cdots CTMAC \qquad (6\text{-}23)$$

$$MR \cdots CTMAC + Br_2 \longrightarrow P + Br^- + CTMAC \qquad (6\text{-}24)$$

式中，P为甲基红(MR)的氧化产物，式(6-22)、式(6-23)、式(6-24)反应速率较快，式(6-21)过程反应速率较慢，为整个反应的决定步骤，在$KBrO_3$过量的情况下，NO_2^-的量在一定范围内对甲基红的褪色速率(即ΔA值)起决定作用，同时存在一定的线性关系。

三、任务专题

(1)溶液配制：溴酸钾溶液，甲基红溶液(MR)，十六烷基三甲基氯化铵，磷酸溶液，亚硝酸根标准。

(2)组织液提取：见前述方法。

(3)样品测定：以空白为参比，测定组织提取液及标准溶液。

(4)结果计算。

四、实验仪器和试剂

1. 仪器

紫外可见分光光度计，超级恒温水浴器，恒温振荡器，分析天平。

2. 试剂

亚硝酸根标准溶液：110℃干燥过的优级纯亚硝酸钠配制成 1.00 g · L^{-1}储备液，贮存于棕色试剂瓶中，冰箱冷藏，用时稀释至所需浓度的工作溶液。

0.01 mol · L^{-1}溴酸钾溶液，1.0 mol · L^{-1}甲基红溶液(MR)，1.0 mol · L^{-1}十六烷基三甲基氯化铵(CTMAC)溶液，1.0 mol · L^{-1}磷酸溶液，干扰离子储备液由相应可溶盐配制。除特殊说明外，所用试剂均为分析纯，实验用水为二次蒸馏水。

五、实验步骤

5 只 25 mL 的具塞比色管中各加入 1.0 mL 的甲基红溶液、1.5 mL 的磷酸溶液、1.0 mL 的 CTMAC 溶液、1.2 mL 的溴酸钾溶液，在第 1 只管中加入适量亚硝酸根标准溶液(2.5 μg · $mL^{-1}NO_2^-$)，第 2~4 只管中加入组织提取液(提取方法同前)，最后 1 只不加作为试剂空白。用水稀释至刻度，摇匀。于 30℃恒温水浴中准确反应 10 min，迅速加入事先称好的约 0.1 g 的抗坏血酸固体粉末，振摇数次，用 1 cm 比色皿，以水作为参比，于波长 519 nm 处测定空白溶液(非催化体系)的吸光度 A_0和试液(催化体系)的吸光度 A，计算 $c_{样}$。

$$c_x = \frac{A_x}{A_s} \cdot c_s \tag{6-25}$$

$$c_{样} = c_x \times \frac{100}{60} \times \frac{500}{10} \quad \mu g \cdot g^{-1} \tag{6-26}$$

将测定数据及处理结果记录于表 6-9 中。

六、实验数据及处理

表 6-9 原始数据记录与相关处理计算

样品		$c/\mu g \cdot mL^{-1}$	A
参照		0	
标准溶液		2.5	
待测样液			
	青豆		
$c_{样}/\mu g \cdot g^{-1}$	桃子		
	菠萝		

七、注意事项

(1)停止反应时立刻加入抗坏血酸淬灭。

(2)当样品中亚硝酸根浓度与标准溶液差异较大时，建议采用标准曲线法。

(3)溶液体系酸度对反应的顺利进行有直接影响，因此需要有合理的磷酸用量。

八、思考题

1. 如何理解 $c_x=\frac{A_x}{A_s}\cdot c_s$？该方法优缺点是什么？

2. 如何正确理解 NO_2^-的作用？

3. 反应结束时为什么要淬灭？

实验 39 蔬菜、食品中铁和钙的测定(综合设计实验)

一、实验目的

1. 学习样品的预处理方法。

2. 综合运用所学知识，会用仪器分析法(如分光光度法等)和滴定分析法测定物质含量。

3. 练习灵活运用各种基本操作的能力和查阅资料的能力。

二、实验原理

食品中的金属元素，由于常可与蛋白质、维生素等有机物结合成难溶或难于解离的物质，因此，在测定前需要先破坏有机结合体，释放出被测组分。通常采用有机破坏法，该法是在高温条件下加入氧化剂，使有机物质分解。让其中的碳、氢、氧等元素生成二氧化碳和水，以气体形式逸出。从而使被测的金属元素以氧化物或无机盐的形式残留下来。

有机物的破坏法又可分为干法和湿法两种，可以查阅有关资料。

常量组分的测定可采用滴定分析法，而微量和痕量组分的测定不宜用滴定分析法，应使用仪器分析法，如食品中微量铁的测定可采用分光光度法，食品中较高含量的钙可采用滴定法。

三、实验内容

(1)样品的处理(可用干法或湿法)。

(2)条件实验。

(3)样品的铁和钙的测定。
(4)回收实验。

四、实验要求

(1)查阅有关文献，拟定实验方案，写出实验步骤。

(2)本实验要求测定蔬菜、茶叶、鸡蛋黄、虾皮等食品中铁和钙的含量。要求每种物质单独拟定实验方案，包括实验题目、实验目的、实验原理、仪器和试剂、实验步骤、数据处理等。

(3)自行安装和调试仪器，自配试剂，且独立完成，至少测定两种不同试样。

(4)根据拟定方案进行实验。实验中若发现问题，应及时对实验方案进行调整、修正。

(5)实验完成后，写出实验报告。

五、实验指导

(1)采用单因素的条件实验方法确定实验条件。(注意：平行测定 3 次)

(2)对所选实验方法是否可信，需检验其准确度和精密度。可用标准样与未知样做平行测定，将结果进行比较，并检验是否存在显著性差异。还可采用回收率实验，在试样中加入一定量的待测组分，在最佳条件下进行 n 次平行测定，计算每次的回收率。

六、思考题

1. 定量分析的方法都有哪些？
2. 如何选择应用干法或湿法处理有机物？
3. 为什么要做回收实验？
4. 仪器分析的方法与滴定分析的方法所用的取样精确度相同吗？

实验 40 食品中有机酸的总酸度测定(综合设计实验)

果蔬、乳品及乳制品等食品中有机酸是它们特有的酸味物质，通常是以游离态或酸式盐形式存在，有机酸的含量对食品的质量、风味和颜色等有着直接的影响。

一、实验目的

1. 学习样品的预处理方法。
2. 熟练掌握称量和滴定分析的基本操作。
3. 作为设计实验，学生应到图书馆查阅有关文献及测定方法的资料，完成实验设计(包括仪器、试剂、配制溶液的方法、标准溶液的标定、实验步骤、结果和数据处理等)。

二、实验原理

水果及其加工品中富含有机酸，如乙酸、柠檬酸、苹果酸、酒石酸等，这些有机酸可以用碱标准溶液滴定，终点时溶液呈碱性，因此，使用酚酞作指示剂，根据所消耗的碱标准溶液的浓度和体积，求出食品中的总酸度。

$$W_{有机酸}=\frac{c_{NaOH}\cdot V_{NaOH}\cdot K}{m_x} \tag{6-27}$$

式中 K——有机酸基本单元的摩尔质量 $M_B\times10^{-3}$，乙酸取值 0.060、柠檬酸取值 0.064、苹果酸取值 0.067、酒石酸取值 0.075、琥珀酸取值 0.059、草酸取值 0.045；

m_x——实际滴定的试样量，g；

V_{NaOH}——滴定果品试样所消耗的 NaOH 标准溶液体积，mL。

由于食品中的酸值较低，因此，实验中应用水样做空白实验或煮沸除去二氧化碳，扣除空白的影响。

三、实验内容

(1) NaOH 溶液的标定(操作方法见前相关实验)。

(2) 食品试样总酸度的测定：准确称取制成糊状的果肉约 20 g，放在干净的小烧杯中，用适量的去离子水定量地将食品试样冲洗，倒入 250 mL 的容量瓶中，加去离子水定容、摇匀。以备滴定实验使用。

(3) 测量数据及处理：

①给出测量数据、实际计算的公式。

②求出 NaOH 溶液的准确浓度及其平均值、相对偏差和平均相对偏差。

③求出食品样的总酸度及其精密度。

四、实验要求

(1) 作为设计实验，学生应到图书馆查阅有关文献，拟定实验方案，写出详细步骤。

(2) 本实验要求拟定实验方案，包括实验目的、实验原理、仪器与试剂、实验步骤、配制溶液的方法、标准溶液的标定、实验结果和数据处理等。

(3) 自行安装和调试仪器，自配试剂，且独立完成，至少测定两种不同试样。

(4) 根据拟定方案进行实验。实验中若发现问题，应及时对实验方案进行调整、修正。

(5) 实验完成后，写出实验报告。

五、思考题

1. 做空白实验的目的是什么?
2. 测定时，用什么仪器称取食品试样? 称量数据应精确到几位?
3. 本测定中，将样品残渣也一起进行定容对结果有无影响?

实验 41　盐酸-氯化铵混合溶液各组分含量的测定

一、实验内容

$HCl-NH_4Cl$ 混合溶液的总浓度为 1 mol · L^{-1}，测定该混合液中各组分的含量。

二、设计提示

(1) $HCl-NH_4Cl$ 混合溶液的总浓度为 1 mol · L^{-1}，需将混合溶液稀释 1 倍。

(2) HCl 为强酸，可用强碱标准溶液直接滴定。

(3) NH_4^+的酸性较弱，不能直接滴定，应加入 HCHO 将 NH_4^+强化后再进行滴定。

(4) 用强碱标准溶液滴定 HCl 后，在此溶液中直接继续滴定。

(5) 试剂：0.1 mol · L^{-1}NaOH 标准溶液，酚酞，18%HCHO，$HCl-NH_4Cl$ 混合溶液。

三、实验要求

根据所给试剂结合实验室仪器，设计实验方案。方案应包括标准溶液的标定及数据记录与处理格式。

实验 42　黄铜中铜锌含量的测定

一、实验内容

(1) 铜合金的溶解。

(2) 络合滴定法测定铜、锌的原理和方法。

二、设计提示

(1) 铜合金的溶解，可参照实验 16 铜合金中铜含量的测定。

(2) 可先测定铜锌总量，然后掩蔽铜离子，再测定锌离子。

(3) 试剂：0.010 00 mol · L^{-1} EDTA，6 mol · L^{-1} HCl，10% $Na_2S_2O_3$，NaAc-HAc，二甲酚橙(XO)，1-(2-吡啶偶氮)-2-萘酚(PAN)。

参考文献

北京大学化学与分子工程学院分析化学教学组 . 2010. 基础分析化学实验[M]. 北京：北京大学出版社 .
陈媛梅，张春荣 . 2012. 分析化学实验[M]. 北京：科学出版社 .
杜登学，马万勇 . 2007. 基础化学实验简明教程[M]. 北京：化学工业出版社 .
段玉峰 . 2001. 综合训练与设计[M]. 北京：科学出版社 .
方能虎 . 2005. 实验化学(上下册)[M]. 北京：科学出版社 .
龚银香，童金强 . 2017. 无机及分析化学实验[M]. 北京：化学工业出版社 .
侯振雨，范文秀，郝海玲 . 2014. 无机及分析化学实验[M]. 3 版 . 北京：化学工业出版社 .
胡伟光，张文英 . 2015. 定量分析化学实验[M]. 3 版 . 北京：化学工业出版社 .
李梅 . 2009. 化学实验与生活[M]. 北京：化学工业出版社 .
李志富 . 2017. 分析化学实验[M]. 北京：化学工业出版社 .
刘淑萍，高筠，孙晓然 . 2004. 分析化学实验教程[M]. 北京：冶金工业出版社 .
刘永红 . 2016. 无机及分析化学实验[M]. 北京：科学出版社 .
刘约权，李贵深 . 1999. 实验化学(上下册)[M]. 北京：高等教育出版社 .
吕苏琴，张明晓 . 2008. 分析化学实验[M]. 北京：高等教育出版社 .
罗蒨，苑嗣纯 . 2013. 定量分析化学实验[M]. 北京：中国林业出版社 .
马全红，邱凤仙 . 2015. 分析化学实验[M]. 南京：南京大学出版社 .
马忠革 . 2011. 分析化学实验[M]. 北京：清华大学出版社 .
仝克勤 . 2009. 基础化学实验[M]. 北京：化学工业出版社 .
王英华，魏士刚，徐家宁 . 2015. 基础化学实验(分析化学分册)[M]. 2 版 . 北京：高等教育出版社 .
武汉大学 . 2011. 分析化学实验(上册)[M]. 5 版 . 北京：高等教育出版社 .
杨梅，梁信源，黄福嵘 . 2005. 分析化学实验[M]. 上海：华东理工大学出版社 .
应敏 . 2015. 分析化学实验[M]. 杭州：浙江大学出版社 .
袁书玉，李兆陇，尉京志 . 2006. 现代化学实验基础[M]. 北京：清华大学出版社 .
张寒琦，徐家宁 . 2006. 综合和设计化学实验[M]. 北京：高等教育出版社 .
张雪梅，徐宝荣，吴瑛 . 2017. 分析化学实验[M]. 北京：化学工业出版社 .
钟国清 . 2015. 无机及分析化学实验[M]. 2 版 . 北京：科学出版社 .
朱嘉云 . 2004. 有机分析[M]. 北京：化学工业出版社 .
朱霞石 . 2006. 大学化学实验[M]. 南京：南京大学出版社 .

附录一

表 1　弱酸、弱碱在水中的离解常数(25℃)

(一)弱酸的离解常数

弱　酸	化学式	$pK_a^\ominus$	$K_a^\ominus$
砷酸	H_3AsO_4	$pK_{a1}^\ominus=2.19$	$K_{a1}^\ominus=6.5\times10^{-3}$
		$pK_{a2}^\ominus=6.96$	$K_{a2}^\ominus=1.1\times10^{-7}$
		$pK_{a3}^\ominus=11.50$	$K_{a3}^\ominus=3.2\times10^{-12}$
亚砷酸	$HAsO_2$	9.22	6.0×10^{-10}
硼酸	H_3BO_3	9.24	5.8×10^{-10}
碳酸	H_2CO_3	$pK_{a1}^\ominus=6.38$	$K_{a1}^\ominus=4.2\times10^{-7}$
		$pK_{a2}^\ominus=10.25$	$K_{a2}^\ominus=5.6\times10^{-11}$
氢氰酸	HCN	9.31	4.9×10^{-10}
氰酸	HCNO	3.48	3.3×10^{-4}
铬酸	H_2CrO_4	$pK_{a1}^\ominus=-0.2$(20℃)	$K_{a1}^\ominus=5.8\times10^{-10}$
		$pK_{a2}^\ominus=6.49$	$K_{a2}^\ominus=3.2\times10^{-7}$
氢氟酸	HF	3.17	6.8×10^{-4}
碘酸	HIO_3	0.77	0.17
亚硝酸	HNO_2	3.15	7.1×10^{-4}
过氧化氢	H_2O_2	11.65	2.2×10^{-12}
磷酸	H_3PO_4	$pK_{a1}^\ominus=2.12$	$K_{a1}^\ominus=7.5\times10^{-3}$
		$pK_{a2}^\ominus=7.20$	$K_{a2}^\ominus=6.3\times10^{-8}$
		$pK_{a3}^\ominus=12.36$	$K_{a3}^\ominus=4.4\times10^{-13}$
焦磷酸	$H_4P_2O_7$	$pK_{a1}^\ominus=0.8$	$K_{a1}^\ominus=0.2$
		$pK_{a2}^\ominus=2.2$	$K_{a2}^\ominus=6\times10^{-8}$
		$pK_{a3}^\ominus=6.70$	$K_{a3}^\ominus=2.0\times10^{-7}$
		$pK_{a4}^\ominus=9.40$	$K_{a4}^\ominus=4.0\times10^{-10}$
亚磷酸	H_2PO_3	$pK_{a1}^\ominus=1.5$	$K_{a1}^\ominus=3\times10^{-2}$
		$pK_{a2}^\ominus=6.79$	$K_{a2}^\ominus=1.6\times10^{-7}$

（续）

弱　酸	化学式	$pK_a^{\ominus}$	$K_a^{\ominus}$
氢硫酸	H_2S	$pK_{a1}^{\ominus}=7.05$	$K_{a1}^{\ominus}=8.9\times10^{-8}$
		$pK_{a2}^{\ominus}=13.92$	$K_{a2}^{\ominus}=1.2\times10^{-14}$
硫酸	H_2SO_4	$pK_{a2}^{\ominus}=1.92$	$K_{a2}^{\ominus}=1.2\times10^{-2}$
亚硫酸	H_2SO_3	$pK_{a1}^{\ominus}=1.89$	$K_{a1}^{\ominus}=1.3\times10^{-2}$
		$pK_{a2}^{\ominus}=7.20$	$K_{a2}^{\ominus}=6.3\times10^{-8}$
硫代硫酸	$H_2S_2O_3$	$pK_{a1}^{\ominus}=0.6$	$K_{a1}^{\ominus}=0.3$
		$pK_{a2}^{\ominus}=1.6$	$K_{a2}^{\ominus}=3\times10^{-2}$
硫氰酸	HSCN	0.9	0.1
偏硅酸	H_2SiO_3	$pK_{a1}^{\ominus}=9.77$	$K_{a1}^{\ominus}=1.7\times10^{-10}$
		$pK_{a2}^{\ominus}=11.8$	$K_{a2}^{\ominus}=2\times10^{-12}$
甲酸	HCOOH	3.77	1.7×10^{-4}
醋酸(乙酸)	CH_3COOH	4.76	1.8×10^{-5}
丙酸	CH_3CH_2COOH	4.87	1.3×10^{-5}
丁酸	$CH_3(CH_2)_2COOH$	4.82	1.5×10^{-10}
戊酸	$CH_3(CH_2)_3COOH$	4.84	1.4×10^{-5}
一氯乙酸	$ClCH_2COOH$	2.86	1.4×10^{-3}
二氯乙酸	$Cl_2CHCOOH$	1.26	5.5×10^{-2}
三氯乙酸	Cl_3CCOOH	0.23	0.64
羟基乙酸	$CH_2(OH)COOH$	3.83	1.5×10^{-4}
乳酸	$CH_3CH(OH)COOH$	3.88	1.3×10^{-4}
苯甲酸	C_6H_5COOH	4.21	6.2×10^{-5}
苯酚	C_6H_5OH	9.95	1.1×10^{-10}
草酸	$H_2C_2O_4$	$pK_{a1}^{\ominus}=1.25$	$K_{a1}^{\ominus}=5.6\times10^{-2}$
		$pK_{a2}^{\ominus}=4.29$	$K_{a2}^{\ominus}=5.1\times10^{-5}$
丁二酸	CH_2CO_2H | CH_2CO_2H	$pK_{a1}^{\ominus}=4.21$ $pK_{a2}^{\ominus}=5.64$	$K_{a1}^{\ominus}=6.1\times10^{-5}$ $K_{a2}^{\ominus}=1.7\times10^{-10}$
d-酒石酸	$CH(OH)CO_2H$ | $CH(OH)CO_2H$	$pK_{a1}^{\ominus}=3.04$ $pK_{a2}^{\ominus}=4.37$	$K_{a1}^{\ominus}=9.2\times10^{-4}$ $K_{a2}^{\ominus}=4.3\times10^{-5}$
邻苯二甲酸	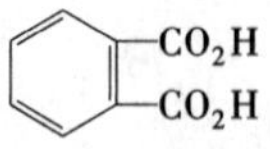	$pK_{a1}^{\ominus}=2.950$ $pK_{a2}^{\ominus}=5.409$	$K_{a1}^{\ominus}=1.3\times10^{-3}$ $K_{a2}^{\ominus}=2.9\times10^{-6}$

（续）

弱　酸	化学式	$pK_a^\ominus$	$K_a^\ominus$
氨基乙酸	$^+NH_3CH_2COOH$	2.35	4.5×10^{-3}
顺丁烯二酸（马来酸）	$CHCO_2H \parallel CHCO_2H$	9.78	1.7×10^{-10}
反丁烯二酸（富马酸）	$CHCO_2H \parallel HO_2CCH$	$pK_{a1}^\ominus=3.65$ $pK_{a2}^\ominus=4.49$	$K_{a1}^\ominus=8.9\times10^{-4}$ $K_{a2}^\ominus=3.2\times10^{-5}$
邻苯二酚	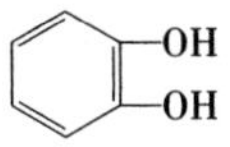	$pK_{a1}^\ominus=9.40$ $pK_{a2}^\ominus=12.8$	$K_{a1}^\ominus=4.0\times10^{-10}$ $K_{a2}^\ominus=2\times10^{-13}$
水杨酸	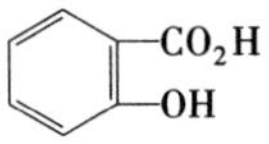	$pK_{a1}^\ominus=2.97$ $pK_{a2}^\ominus=13.74$	$K_{a1}^\ominus=1.1\times10^{-3}$ $K_{a2}^\ominus=1.8\times10^{-14}$
磺基水杨酸	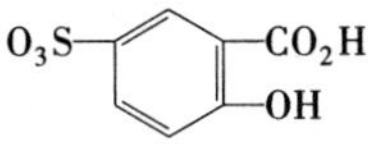	$pK_{a1}^\ominus=2.33$ $pK_{a2}^\ominus=11.32$	$K_{a1}^\ominus=4.7\times10^{-3}$ $K_{a2}^\ominus=4.8\times10^{-4}$
柠檬酸	CH_2CO_2H | $C(OH)CO_2H$ | CH_2CO_2H	$pK_{a1}^\ominus=3.13$ $pK_{a2}^\ominus=4.74$ $pK_{a3}^\ominus=6.40$	$K_{a1}^\ominus=7.4\times10^{-4}$ $K_{a2}^\ominus=1.8\times10^{-5}$ $K_{a3}^\ominus=4.0\times10^{-5}$
乙二胺四乙酸	$CH_2\overset{+}{N}H(CH_2CO_2H)_2$ | $CH_2\underset{+}{N}H(CH_2CO_2H)_2$	$pK_{a1}^\ominus=0.9$ $pK_{a2}^\ominus=1.6$ $pK_{a3}^\ominus=2.07$ $pK_{a4}^\ominus=2.75$ $pK_{a5}^\ominus=6.24$ $pK_{a6}^\ominus=10.34$	$K_{a1}^\ominus=1\times10^{-1}$ $K_{a2}^\ominus=3\times10^{-2}$ $K_{a3}^\ominus=8.5\times10^{-3}$ $K_{a4}^\ominus=1.8\times10^{-3}$ $K_{a5}^\ominus=5.8\times10^{-7}$ $K_{a6}^\ominus=4.6\times10^{-11}$

（二）弱碱在水中的离解常数

弱　碱	化学式	$pK_b^\ominus$	$K_b^\ominus$
氨	NH_3	4.75	1.8×10^{-5}
羟胺	$HONH_2$	8.04	9.1×10^{-9}
甲胺	CH_3NH_2	3.38	4.2×10^{-4}
乙胺	$CH_3CH_2NH_2$	3.37	4.3×10^{-4}
丁胺	$CH_3(CH_2)_3NH_2$	3.36	4.4×10^{-4}
二甲胺	$(CH_3)_2NH$	3.23	5.9×10^{-4}
二乙胺	$(CH_3CH_2)_2NH$	3.07	8.5×10^{-4}
三乙胺	$(CH_3CH_2)_3N$	3.29	5.2×10^{-4}

（续）

弱　碱	化学式	pK_b^Θ	K_b^Θ
乙醇胺	$HOCH_2CH_2NH_2$	4.5	3.2×10^{-5}
三乙醇胺	$(HOCH_2CH_2)_3N$	6.24	5.8×10^{-7}
苯胺	$C_6H_5NH_2$	9.40	4.0×10^{-10}
邻甲苯胺	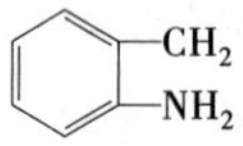	9.55	2.8×10^{-10}
对甲苯胺		8.92	1.2×10^{-9}
六亚甲基四胺	$(CH_2)_6N_4$	8.85	1.4×10^{-9}
咪唑	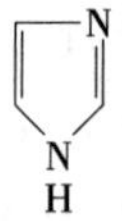	7.01	9.8×10^{-8}
吡啶	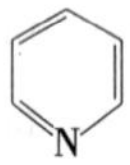	8.74	1.8×10^{-9}
哌啶	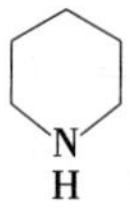	2.88	1.3×10^{-3}
喹啉	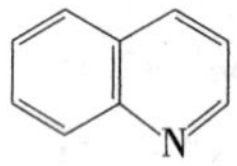	9.12	7.6×10^{-10}
乙二胺	$H_2NCH_2CH_2NH_2$	4.07	8.5×10^{-5}
		7.15	7.1×10^{-8}
8-羟基喹啉	C_9H_6NOH	4.19	6.5×10^{-9}
		9.09	8.1×10^{-10}

表 2　金属离子-氨羧配合剂配合物的形成常数

金属离子	EDTA			EGTA		HEDTA	
	$\lg K_f^\Theta$(MHL)	$\lg K_f^\Theta$(ML)	$\lg K_f^\Theta$(MOHL)	$\lg K_f^\Theta$(MHL)	$\lg K_f^\Theta$(ML)	$\lg K_f^\Theta$(ML)	$\lg K_f^\Theta$(MOHL)
Ag^+	6.0	7.32					
Al^{3+}	2.5	16.13	8.1				
Ba^{2+}	4.6	7.76		5.4	8.4	6.2	
Bi^{3+}		27.94					

（续）

金属离子	EDTA			EGTA		HEDTA	
	$\lg K_f^\Theta$(MHL)	$\lg K_f^\Theta$(ML)	$\lg K_f^\Theta$(MOHL)	$\lg K_f^\Theta$(MHL)	$\lg K_f^\Theta$(ML)	$\lg K_f^\Theta$(ML)	$\lg K_f^\Theta$(MOHL)
Ca^{2+}	3. 1	10. 70		3. 8	11. 0	8. 0	
Ce^{3+}		16. 0					
Cd^{2+}	2. 9	16. 46		3. 5	15. 6	13. 0	
Co^{2+}	3. 1	16. 31			12. 3	14. 4	
Co^{3+}	1. 3	36. 0					
Cr^{3+}	2. 3	23. 0	6. 6				
Cu^{2+}	3. 0	18. 80	2. 5	4. 4	17	17. 4	
Fe^{2+}	2. 8	14. 3				12. 2	5. 0
Fe^{3+}	1. 4	25. 1	6. 5			19. 8	10. 1
Hg^{2+}	3. 1	21. 80	4. 9	3. 0	23. 2	20. 1	
La^{3+}		15. 4			15. 6	13. 2	
Mg^{2+}	3. 9	8. 69		7. 7	5. 2	5. 2	
Mn^{2+}	3. 1	13. 79		5. 0	11. 5	10. 7	
Ni^{2+}	3. 2	18. 62		6. 0	12. 0	17. 0	
Pb^{2+}	2. 8	18. 04		5. 3	13. 0	15. 5	
Sn^{2+}		22. 1					
Sr^{2+}	3. 9	8. 63		5. 4	8. 5	6. 8	
Th^{4+}		23. 2					8. 6
Ti^{3+}		21. 3					
TiO^{2+}		17. 3					
Zn^{2+}	3. 0	16. 50		5. 2	12. 8	14. 5	

表 3　标准电极电势(18~25℃)

半　反　应	φ^θ/V
$Li^+ + e^- \rightleftharpoons Li$	-3. 045
$K^+ + e^- \rightleftharpoons K$	-2. 924
$Ba^{2+} + 2e^- \rightleftharpoons Ba$	-2. 90
$Sr^{2+} + 2e^- \rightleftharpoons Sr$	-2. 89
$Ca^{2+} + 2e^- \rightleftharpoons Ca$	-2. 76
$Na^+ + e^- \rightleftharpoons Na$	-2. 711

（续）

半反应	φ^{θ}/V
$Mg^{2+}+2e^- \rightleftharpoons Mg$	−2.375
$Al^{3+}+3e^- \rightleftharpoons Al$	−1.706
$ZnO_2^{2-}+2H_2O+2e^- \rightleftharpoons Zn+4OH^-$	−1.216
$Mn^{2+}+2e^- \rightleftharpoons Mn$	−1.18
$Sn(OH)_6^{2+}+2e^- \rightleftharpoons HSnO_2^-+3OH^-+H_2O$	−0.96
$SO_4^{2-}+H_2O+2e^- \rightleftharpoons SO_3^{2-}+2OH^-$	−0.92
$TiO_2+4H^++4e^- \rightleftharpoons Ti+2H_2O$	−0.89
$2H_2O+2e^- \rightleftharpoons H_2+2OH^-$	−0.828
$HSnO_2^-+H_2O+2e^- \rightleftharpoons Sn+3OH^-$	−0.79
$Zn^{2+}+2e^- \rightleftharpoons Zn$	−0.763
$Cr^{3+}+3e^- \rightleftharpoons Cr$	−0.74
$AsO_4^{3+}+2H_2O+2e^- \rightleftharpoons AsO_2^-+4OH^-$	−0.71
$S+2e^- \rightleftharpoons S^{2-}$	−0.508
$2CO_2+2H^++2e^- \rightleftharpoons H_2C_2O_4$	−0.49
$Cr^{3+}+e^- \rightleftharpoons Cr^{2+}$	−0.41
$Fe^{2+}+2e^- \rightleftharpoons Fe$	−0.409
$Cd^{2+}+2e^- \rightleftharpoons Cd$	−0.403
$Cu_2O+H_2O+2e^- \rightleftharpoons 2Cu+2OH^-$	−0.361
$Co^{2+}+2e^- \rightleftharpoons Co$	−0.28
$Ni^{2+}+2e^- \rightleftharpoons Ni$	−0.246
$AgI+e^- \rightleftharpoons Ag+I^-$	−0.15
$Sn^{2+}+2e^- \rightleftharpoons Sn$	−0.136
$Pb^{2+}+2e^- \rightleftharpoons Pb$	−0.126
$CrO_4^{2-}+4H_2O+3e^- \rightleftharpoons Cr(OH)_3+5OH^-$	−0.12
$Ag_2S+2H^++2e^- \rightleftharpoons 2Ag+H_2S$	−0.036
$Fe^{3+}+3e^- \rightleftharpoons Fe$	−0.036
$2H^++2e^- \rightleftharpoons H_2$	0.000
$NO_3^-+H_2O+2e^- \rightleftharpoons NO_2^-+2OH^-$	0.01
$TiO^{2+}+2H^++e^- \rightleftharpoons Ti^{3+}+H_2O$	0.10
$S_4O_6^{2-}+2e^- \rightleftharpoons 2S_2O_3^{2-}$	0.09

（续）

半 反 应	φ^{θ}/V
$AgBr+e^- \rightleftharpoons Ag+Br^-$	0.10
$S+2H^++2e^- \rightleftharpoons H_2S$（水溶液）	0.141
$Sn^{4+}+2e^- \rightleftharpoons Sn^{2+}$	0.15
$Cu^{2+}+e^- \rightleftharpoons Cu^+$	0.158
$BiOCl+2H^++3e^- \rightleftharpoons Bi+Cl^-+H_2O$	0.158
$SO_4{}^{2-}+4H^++2e^- \rightleftharpoons H_2SO_3+H_2O$	0.20
$AgCl+e^- \rightleftharpoons Ag+Cl^-$	0.22
$IO_3^-+3H_2O+6e^- \rightleftharpoons I^-+6OH^-$	0.26
$Hg_2Cl_2+2e^- \rightleftharpoons 2Hg+2Cl^-$（0.1mol·$L^{-1}$NaOH）	0.268
$Cu^{2+}+2e^- \rightleftharpoons Cu$	0.340
$VO^{2+}+2H^++e^- \rightleftharpoons V^{3+}+H_2O$	0.36
$[Fe(CN)_6]^{3-}+e^- \rightleftharpoons [Fe(CN)_6]^{4-}$	0.36
$2H_2SO_3+2H^++4e^- \rightleftharpoons S_2O_3{}^{2-}+3H_2O$	0.40
$Cu^++e^- \rightleftharpoons Cu$	0.522
$I_3^-+e^- \rightleftharpoons 3I^-$	0.534
$I_2+2e^- \rightleftharpoons 2I^-$	0.535
$IO_3^-+2H_2O+4e^- \rightleftharpoons IO^-+4OH^-$	0.56
$MnO_4{}^-+e^- \rightleftharpoons MnO_4{}^{2-}$	0.56
$H_3AsO_4+2H^++2e^- \rightleftharpoons HAsO_2+2H_2O$	0.56
$MnO_4{}^-+2H_2O+3e^- \rightleftharpoons MnO_2+4OH^-$	0.58
$O_2+2H^++2e^- \rightleftharpoons 2H_2O_2$	0.682
$Fe^{3+}+e^- \rightleftharpoons Fe^{2+}$	0.77
$Hg_2{}^{2+}+2e^- \rightleftharpoons 2Hg$	0.796
$Ag^++e^- \rightleftharpoons Ag$	0.799
$Hg^{2+}+2e^- \rightleftharpoons Hg$	0.851
$2Hg^{2+}+2e^- \rightleftharpoons Hg_2{}^{2+}$	0.907
$NO_3^-+3H^++2e^- \rightleftharpoons HNO_2+H_2O$	0.94
$NO_3^-+4H^++3e^- \rightleftharpoons NO+2H_2O$	0.96
$HNO_2+H^++e^- \rightleftharpoons NO+H_2O$	0.99
$VO_2{}^++2H^++e^- \rightleftharpoons VO^{2+}+H_2O$	1.00

（续）

半 反 应	φ^θ/V
$N_2O_4+4H^++4e^- \rightleftharpoons 2NO+2H_2O$	1.03
$Br_2+2e^- \rightleftharpoons 2Br^-$	1.08
$IO_3^-+6H^++6e^- \rightleftharpoons I^-+3H_2O$	1.085
$IO_3^-+6H^++5e^- \rightleftharpoons 1/2I_2+3H_2O$	1.195
$MnO_2+4H^++2e^- \rightleftharpoons Mn^{2+}+2H_2O$	1.23
$O_2+4H^++4e^- \rightleftharpoons 2H_2O$	1.23
$Au^{3+}+2e^- \rightleftharpoons Au^+$	1.29
$Cr_2O_7{}^{2-}+14H^++6e^- \rightleftharpoons 2Cr^{3+}+7H_2O$	1.33
$Cl_2+2e^- \rightleftharpoons 2Cl^-$	1.358
$BrO_3^-+6H^++6e^- \rightleftharpoons Br^-+3H_2O$	1.44
$Ce^{4+}+e^- \rightleftharpoons Ce^{3+}$	1.443
$ClO_3^-+6H^++6e^- \rightleftharpoons Cl^-+3H_2O$	1.45
$PbO_2+4H^++2e^- \rightleftharpoons Pb^{2+}+2H_2O$	1.46
$MnO_4{}^-+8H^++5e^- \rightleftharpoons Mn^{2+}+4H_2O$	1.491
$Mn^{3+}+e^- \rightleftharpoons Mn^{2+}$	1.51
$BrO_3^-+6H^++5e^- \rightleftharpoons 1/2Br_2+3H_2O$	1.52
$HClO+H^++e^- \rightleftharpoons 1/2Cl_2+H_2O$	1.63
$MnO_4^-+H^++3e^- \rightleftharpoons MnO_2+2H_2O$	1.679
$H_2O_2+2H^++2e^- \rightleftharpoons 2H_2O$	1.776
$Co^{3+}+e^- \rightleftharpoons Co^{2+}$	1.842
$O_2+2H^++2e^- \rightleftharpoons O_2+H_2O$	2.07
$F_2+2e^- \rightleftharpoons 2F^-$	2.87

表 4　条件电极电势 $\varphi^{\theta'}$

半 反 应	$\varphi^{\theta'}$/V	介 质
$Ag(II)+e^- \rightleftharpoons Ag^+$	1.927	$4\ mol \cdot L^{-1}\ HNO_3$
$Ce(IV)+e^- \rightleftharpoons Ce(III)$	1.70	$1\ mol \cdot L^{-1}\ HClO_4$
	1.61	$1\ mol \cdot L^{-1}\ HNO_3$
	1.44	$0.5\ mol \cdot L^{-1}\ H_2SO_4$
	1.28	$1\ mol \cdot L^{-1}\ HCl$

（续）

半反应	$\varphi^{\theta'}/V$	介质
$Co^{3+}+e^- \rightleftharpoons Co^{2+}$	1.85	$4\ mol \cdot L^{-1}\ HNO_3$
$[Co(乙二胺)_3]^{3+}+e^- \rightleftharpoons [Co(乙二胺)_3]^{2+}$	-0.2	$0.1\ mol \cdot L^{-1}\ KNO_3+0.1\ mol \cdot L^{-1}$乙二胺
$Cr(III)+e^- \rightleftharpoons Cr(II)$	-0.40	$5\ mol \cdot L^{-1}\ HCl$
$Cr_2O_7^{2-}+2H_2O+3e^- \rightleftharpoons 2Cr^{3+}+7H_2O$	1.00	$1\ mol \cdot L^{-1}\ HCl$
	1.025	$1\ mol \cdot L^{-1}\ HClO_4$
	1.08	$3\ mol \cdot L^{-1}\ HCl$
	1.05	$2\ mol \cdot L^{-1}\ HCl$
	1.15	$4\ mol \cdot L^{-1}H_2SO_4$
$CrO_4^{2-}+2H_2O+3e^- \rightleftharpoons CrO_2^-+4OH$	-0.12	$1\ mol \cdot L^{-1}\ NaOH$
$Fe(III)+e^- \rightleftharpoons Fe(II)$	0.73	$1\ mol \cdot L^{-1}\ HClO_4$
	0.71	$0.5\ mol \cdot L^{-1}\ HCl$
	0.68	$1\ mol \cdot L^{-1}H_2SO_4$
	0.68	$1\ mol \cdot L^{-1}\ HCl$
	0.46	$2\ mol \cdot L^{-1}\ H_3PO_4$
	0.51	$1\ mol \cdot L^{-1}\ HCl$ $0.25\ mol \cdot L^{-1}\ H_3PO_4$
$H_3AsO_4+2H^++3e^- \rightleftharpoons H_3AsO_3+H_2O$	0.557	$1\ mol \cdot L^{-1}\ HCl$
	0.557	$1\ mol \cdot L^{-1}\ HClO_4$
$[Fe(EDTA)]^-+e^- \rightleftharpoons [Fe(EDTA)]^{2-}$	0.12	$0.1\ mol \cdot L^{-1}EDTA\quad pH=4\sim6$
$[Fe(CN)_6]^{3-}+e^- \rightleftharpoons [Fe(CN)_6]^{4-}$	0.48	$0.01\ mol \cdot L^{-1}\ HCl$
	0.56	$0.1\ mol \cdot L^{-1}\ HCl$
	0.71	$1\ mol \cdot L^{-1}\ HCl$
	0.72	$1\ mol \cdot L^{-1}\ HClO_4$
I_2(水)$+e^- \rightleftharpoons 2I^-$	0.628	$1\ mol \cdot L^{-1}\ H^+$
$I_3^-+2e^- \rightleftharpoons 3I^-$	0.545	$1\ mol \cdot L^{-1}\ H^+$
$MnO_4^-+8H^++e^- \rightleftharpoons Mn^{2+}+4H_2O$	1.45	$1\ mol \cdot L^{-1}\ HClO_4$
	1.27	$8\ mol \cdot L^{-1}\ H_3PO_4$
$Os(VIII)+4e^- \rightleftharpoons Os(IV)$	0.79	$5\ mol \cdot L^{-1}\ HCl$
$SnCl_6^{2-} \rightleftharpoons SnCl_4^{2-}+2Cl^-$	0.14	$1\ mol \cdot L^{-1}\ HCl$

（续）

半 反 应	$\varphi^{\theta'}$/V	介 质
$Sn^{2+}+2e^- \rightleftharpoons Sn$	-0.16	1 mol · L^{-1} $HClO_4$
$Sb(V)+2e^- \rightleftharpoons Sb(III)$	0.75	3.5 mol · L^{-1} HCl
$Sb(OH)_6^-+2e^- \rightleftharpoons SbO_2^-+2OH^-+2H_2O$	-0.428	3 mol · L^{-1} NaOH
$SbO_6^-+2H_2O+3e^- \rightleftharpoons Sb+4OH^-$	-0.675	10 mol · L^{-1} KOH
$Ti(IV)+e^- \rightleftharpoons Ti(III)$	-0.01	0.2 mol · L^{-1} H_2SO_4
	0.12	2 mol · L^{-1} H_2SO_4
	-0.04	1 mol · L^{-1} HCl
	-0.05	1 mol · L^{-1} H_3PO_4
$Pb(II)+2e^- \rightleftharpoons Pb$	-0.32	1 mol · L^{-1} NaAc
	-0.14	1 mol · L^{-1} $HClO_4$

表 5 难溶化合物的溶度积常数（18℃）

难溶化合物	化学式	溶度积 K_{sp}^{Θ}	温度/℃
氢氧化铝	$Al(OH)_3$	2×10^{-32}	
溴酸银	$AgBrO_3$	5.77×10^{-5}	25
溴化银	AgBr	4.1×10^{-13}	
碳酸银	Ag_2CO_3	6.15×10^{-12}	25
氯化银	AgCl	1.56×10^{-10}	25
铬酸银	Ag_2CrO_4	9×10^{-12}	25
氢氧化银	AgOH	1.52×10^{-8}	20
碘化银	AgI	1.5×10^{-16}	25
硫化银	Ag_2S	1.6×10^{-49}	
硫氰酸银	AgSCN	0.49×10^{-12}	
碳酸钡	$BaCO_3$	8.1×10^{-9}	25
铬酸钡	$BaCrO_4$	1.6×10^{-10}	
草酸钡	$BaC_2O_4\cdot3\frac{1}{2}H_2O$	1.62×10^{-7}	
硫酸钡	$BaSO_4$	0.87×10^{-10}	
氢氧化铋	Bi(OH)	4.0×10^{-31}	
氢氧化铬	$Cr(OH)_3$	5.4×10^{-31}	
硫化镉	CdS	3.6×10^{-29}	

表 6　常用酸碱指示剂(18~25℃)

指示剂名称	pH 值变色范围	颜色变化	溶液配制方法
甲基紫(第一变色范围)	0.13~0.5	黄至绿	1 g · L^{-1}或 0.5 g · L^{-1}的水溶液
甲酚红(第一变色范围)	0.2~1.8	红至黄	0.4 g 指示剂溶于 100 mL 50%乙醇
甲基紫(第二变色范围)	1.0~1.5	绿至蓝	1 g · L^{-1}的水溶液
百里酚蓝(设想草酚蓝)(第一变色范围)	1.2~2.8	红至黄	0.1 g 指示剂溶于 100 mL 20%乙醇
甲基紫(第三变色范围)	2.0~3.0	蓝至紫	1 g · L^{-1}的水溶液
甲基橙	3.1~4.4	红至黄	1 g · L^{-1}的水溶液
溴酚蓝	3.0~4.6	黄至蓝	0.1 g 指示剂溶于 100 mL 20%乙醇
刚果红	3.0~5.2	蓝紫至红	1 g · L^{-1}的水溶液
溴甲酚绿	3.8~5.4	黄至蓝	0.1 g 指示剂溶于 100 mL 20%乙醇
甲基红	4.4~6.2	红至黄	0.1 或 0.2 g 指示剂溶于 100 mL 60%乙醇
溴酚红	5.0~6.8	黄至红	0.1 或 0.04 g 指示剂溶于 100 mL 20%乙醇
百里酚蓝	6.0~7.6	黄至蓝	0.05 g 指示剂溶于 100 mL 20%乙醇
中性红	6.8~8.0	红至亮黄	0.1 g 指示剂溶于 100 mL 60%乙醇
酚红	6.8~8.0	黄至红	0.1 g 指示剂溶于 100 mL 20%乙醇
甲酚红	7.2~8.8	亮黄至紫红	0.1 g 指示剂溶于 100 mL 50%乙醇
百里酚蓝(麝香草酚蓝)(第二变色范围)	8.0~9.6	黄至蓝	0.05 g 指示剂溶于 100 mL 20%乙醇
酚酞	8.2~10.0	无色至紫红	0.1 g 指示剂溶于 100 mL 60%乙醇
百里酚酞	9.3~10.5	无色至蓝	0.1 g 指示剂溶于 100 mL 90%乙醇

表 7　常用金属离子指示剂

指示剂名称	离解平衡和颜色变化	溶液配制方法
铬黑 T(EBT)	$H_2In^- \xrightleftharpoons{pK_{a2}^{\ominus}=6.3} HIn^{2-} \xrightleftharpoons{pK_{a3}^{\ominus}=11.5} In^{3-}$ 紫红　蓝　橙	5 g · L^{-1}水溶液
二甲酚橙(XO)	$H_3In^{4-} \xrightleftharpoons{pK_{a2}^{\ominus}=6.3} H_2In^{5-}$ 黄　红	2 g · L^{-1}水溶液
K-B 指示剂	$H_2In \xrightleftharpoons{pK_{a1}^{\ominus}=8} HIn^- \xrightleftharpoons{pK_{a2}^{\ominus}=13} In^{2-}$ 红　蓝　紫红	0.2 g 酸性铬蓝 K 与 0.4 g 萘酚绿 B 溶于 100 mL 水中

（续）

指示剂名称	离解平衡和颜色变化	溶液配制方法
钙指示剂	$H_2In^- \overset{pK_{a2}^{\ominus}=7.4}{\rightleftharpoons} HIn^{2-} \overset{pK_{a3}^{\ominus}=13.5}{\rightleftharpoons} In^{3-}$ 酒红 蓝 酒红	5 5 $g \cdot L^{-1}$乙醇溶液
吡啶偶氮萘酚 （PAN）	$H_2In^+ \overset{pK_{a2}^{\ominus}=1.9}{\rightleftharpoons} HIn \overset{pK_{a3}^{\ominus}=12.5}{\rightleftharpoons} In^-$ 黄绿 黄 淡红	1 $g \cdot L^{-1}$乙醇溶液
Cu-PAN （CuY-PAN 溶液）	$CuY+PAN+M^{n+} \longrightarrow MY+Cu-PAN$ 浅绿 无色 红色	将 0.05 $mol \cdot L^{-1}$ Cu^{2+}液 10 mL，加 pH 5~6 的 HAc 缓冲液 5 mL，1 滴 PAN 指示剂，加热至 60℃左右，用 EDTA 滴定至绿色，得到约 0.025 $mol \cdot L^{-1}$的 CuY 溶液；使用时取 2~3 mL 于试液中，再加数滴 PAN 溶液
磺基水杨酸	$H_2In \overset{pK_{a1}^{\ominus}=2.7}{\rightleftharpoons} HIn^- \overset{pK_{a2}^{\ominus}=13.1}{\rightleftharpoons} In^{2-}$ 无色 蓝 紫红	10 $g \cdot L^{-1}$水溶液
钙镁试剂 （calmagite）	$H_2In^- \overset{pK_{a2}^{\ominus}=8.4}{\rightleftharpoons} HIn^{2-} \overset{pK_{a3}^{\ominus}=13.4}{\rightleftharpoons} In^{3-}$ 红 蓝 红橙	5 $g \cdot L^{-1}$水溶液

注：EBT、钙指示剂、K-B 指示剂等在水溶液中稳定性较差，可以配成指示剂与 NaCl 之比为 1∶100 或 1∶200 的固体粉末。

表 8　一些常用的氧化还原指示剂

指示剂名称	$\varphi_{In}^{\theta'}$/V，pH=0	颜色变化		溶液配制方法
		氧化态	还原态	
二苯胺	0.76	紫	无色	10 $g \cdot L^{-1}$的浓 H_2SO_4溶液
二苯胺磺酸钠	0.85	紫红	无色	5 $g \cdot L^{-1}$的水溶液
N-邻苯氨基苯甲酸	1.08	紫红	无色	0.1 g 指示剂加 20 mL 50 g 的浓 Na_2CO_3溶液，用水稀释至 100 mL
邻二氮菲-Fe(Ⅱ)	1.06	浅蓝	红	1.485 g 邻二氮菲加 0.965 g $FeSO_4$，溶解，稀释至 100 mL(0.025 $mol \cdot L^{-1}$水溶液)
5-硝基邻二氮菲-Fe(Ⅱ)	1.25	浅蓝	紫红	1.608 g 5-硝基邻二氮菲-Fe(Ⅱ) 0.695 g $FeSO_4$，溶解，稀释至 100 mL (0.025 $mol \cdot L^{-1}$水溶液)

表 9 一些常用的吸附指示剂

名称	配制	用于测定		
		可测元素(括号内为滴定剂)	颜色变化	测定条件
荧光黄	1%钠盐水溶液	Cl^-，Br^-，SCN^-(Ag^+)	黄绿至粉红	中性或弱碱性
二绿荧光黄	1%钠盐水溶液	Cl^-，Br^-，I^-(Ag^+)	黄绿至粉红	pH=4.4~7.2
四溴荧光黄(曙红)	1%钠盐水溶液	Br^-，I^-(Ag^+)	橙红至红黄	pH=1~2

表 10 常用缓冲溶液的配制

缓冲溶液组成	$pK_a^\ominus$	缓冲液 pH 值	缓冲溶液配制方法
氨基乙酸-HCl	2.35($pK_{a1}^\ominus$)	2.3	取氨基乙酸 150 g 溶于 500 mL 水中，加浓 HCl 溶液 80 mL
H_3PO_4-柠檬酸盐		2.5	取 $Na_2HPO_4 \cdot 12H_2O$ 113 g 溶于 200 mL 水中，加柠檬酸 387 g 溶解，过滤后，稀释至 1 L
一氯乙酸-NaOH	2.86	2.8	取 200 g 一氯乙酸溶于 200 mL 水中，加 NaOH 4 g，溶解，稀释至 1 L
邻苯二甲酸氢钾-HCl	2.95($pK_{a1}^\ominus$)	2.9	取 500 g 邻苯二甲酸氢钾溶于 500 mL 水中，加浓 HCl 溶液 80 mL，稀释至 1 L
甲酸-NaOH	3.76	3.7	取 95 g 甲酸和 NaOH 40 g 于 500 mL 水中，溶解，稀释至 1 L
NaAc-HAc	4.74	4.7	取无水 NaAc 83 g 溶于水中，加冰乙酸 60 mL，稀释至 1 L
六亚甲基四胺-HCl	5.15	5.4	取六亚甲基四胺 40 g 溶于 200 mL 水中，加浓 HCl 10 mL，稀释至 1 L
Tris-HCl [三羟甲基氨基甲烷 $CNH_2(HOCH_2)_3$]	8.21	8.2	取 25 g Tris 试剂溶于水中，加浓 HCl 溶液 8 mL，稀释至 1 L
NH_3-NH_4Cl	9.26	9.2	取 NH_4Cl 54 g 溶于水中，加浓氨水 63 mL，稀释至 1 L

注：①缓冲溶液配制后可用 pH 试纸检查。如 pH 值不对，可用共轭酸或共轭碱调节。pH 值欲调节精确时，可用 pH 计调节。②若需增加或减少缓冲液的缓冲容量时，可相应增加或减少共轭酸或共轭碱的物质的量，再调节之。

表 11　相对原子质量表

元素		相对原子质量	元素		相对原子质量	元素		相对原子质量	元素		相对原子质量
符号	名称		名称	符号		符号	名称		符号	名称	
Ac	锕	[227]	Er	铒	167. 26	Mn	锰	54. 938 05	Ru	钌	101. 07
Ag	银	107. 8682	Es	锿	[227]	Mo	钼	95. 94	S	硫	32. 065
Al	铝	26. 981 54	Eu	铕	151. 965	N	氮	14. 006 74	Sb	锑	121. 760
Am	镅	[243]	F	氟	18. 998 403 2	Na	钠	22. 989 768	Sc	钪	44. 955 910
Ar	氩	39. 948	Fe	铁	55. 845	Nb	铌	92. 906 38	Se	硒	78. 96
As	砷	74. 921 59	Fm	镄	[257]	Nd	钕	144. 24	Si	硅	28. 0855
At	砹	[210]	Fr	钫	[223]	Ne	氖	20. 1797	Sm	钐	150. 36
Au	金	196. 966 54	Ga	镓	69. 723	Ni	镍	58. 6934	Sn	锡	118. 710
B	硼	10. 811	Gd	钆	157. 25	No	锘	[254]	Sr	锶	87. 62
Ba	钡	137. 327	Ge	锗	72. 61	Np	镎	237. 0482	Ta	钽	180. 9479
Be	铍	9. 012 182	H	氢	1. 007 94	O	氧	15. 9994	Tb	铽	158. 925 34
Bi	铋	208. 980 37	He	氦	4. 002 602	Os	锇	190. 23	Tc	锝	98. 9062
Bk	锫	[247]	Hf	铪	178. 49	P	磷	30. 973 762	Te	碲	127. 60
Br	溴	79. 904	Hg	汞	200. 59	Pa	镤	231. 035 88	Th	钍	232. 0381
C	碳	12. 011	Ho	钬	164. 930 32	Pb	铅	207. 2	Ti	钛	47. 867
Ca	钙	40. 078	I	碘	126. 904 47	Pd	钯	106. 42	Tl	铊	204. 3833
Cd	镉	112. 411	In	铟	114. 818	Pm	钷	[145]	Tm	铥	168. 934 21
Ce	铈	140. 115	Ir	铱	192. 217	Po	钋	[~210]	U	铀	238. 0289
Cf	锎	[251]	K	钾	39. 0983	Pr	镨	140. 907 65	V	钒	50. 9415
Cl	氯	35. 4527	Kr	氪	83. 80	Pt	铂	195. 08	W	钨	182. 84
Cm	锔	[247]	La	镧	138. 9055	Pu	钚	[244]	Xe	氙	131. 29
Co	钴	58. 933 20	Li	锂	6. 941	Ra	镭	226. 0254	Y	钇	88. 905 85
Cr	铬	51. 9961	Lr	铹	[257]	Rb	铷	85. 4678	Yb	镱	173. 04
Cs	铯	132. 905 43	Lu	镥	174. 967	Re	铼	186. 207	Zn	锌	65. 39
Cu	铜	63. 546	Md	钔	[256]	Rh	铑	102. 905 50	Zr	锆	91. 224
Dy	镝	162. 50	Mg	镁	24. 3050	Rn	氡	[222]			

表 12 常用化合物的相对摩尔质量

化合物	相对摩尔质量	化合物	相对摩尔质量	化合物	相对摩尔质量
Ag_3AsO_4	462.52	$Ce(SO_4)_2 \cdot 4H_2O$	404.30	H_3BO_3	61.83
AgBr	187.77	$CoCl_2$	129.84	HBr	80.912
AgCl	143.32	$CoCl_2 \cdot 6H_2O$	237.93	HCN	27.026
AgCN	133.89	$Co(NO_3)_2$	132.94	HCOOH	46.026
AgSCN	165.95	$Co(NO_3)_2 \cdot 6H_2O$	291.03	CH_3COOH	60.052
Ag_2CrO_4	331.73	CoS	90.99	H_2CO_3	62.025
AgI	234.77	$CoSO_4$	154.99	$H_2C_2O_4$	90.035
$AgNO_3$	169.87	$CoSO_4 \cdot 7H_2O$	281.10	$H_2C_2O_4 \cdot 2H_2O$	126.07
$AlCl_3$	133.34	$Co(NH_4)_2$	60.06	HCl	36.461
$AlCl_3 \cdot 6H_2O$	241.43	$CrCl_3$	158.35	HF	20.006
$Al(NO_3)_3$	213.00	$CrCl_3 \cdot 6H_2O$	266.45	HI	127.91
$Al(NO_3)_3 \cdot 9H_2O$	375.13	$Cr(NO_3)_3$	238.01	HIO_3	175.91
Al_2O_3	101.96	Cr_2O_3	151.99	HNO_3	63.013
$Al(OH)_3$	78.00	CuCl	98.999	HNO_2	47.013
$Al_2(SO_4)_3$	342.14	$CuCl_2$	134.45	H_2O	18.015
$Al_2(SO_4)_3 \cdot 16H_2O$	342.43	$CuCl_2 \cdot 2H_2O$	170.48	H_2O_2	34.015
As_2O_3	197.84	CuSCN	121.62	H_3PO_4	97.995
As_2O_5	229.84	CuI	190.45	H_2S	34.08
As_2S_3	246.02	$Cu(NO_3)_2$	187.56	H_2SO_3	82.07
$BaCO_3$	197.34	$Cu(NO_3)_2 \cdot 3H_2O$	241.60	H_2SO_4	98.07
BaC_2O_4	225.35	CuO	79.545	$Hg(CN)_2$	252.63
$BaCl_2$	208.24	Cu_2O	143.09	$HgCl_2$	271.50
$BaCl_2 \cdot 2H_2O$	244.27	CuS	95.61	Hg_2Cl_2	472.09
$BaCrO_4$	253.32	$CuSO_4$	159.60	HgI_2	454.40
BaO	153.33	$CuSO_4 \cdot 5H_2O$	249.68	$Hg_2(NO_3)_2$	525.19
$Ba(OH)_2$	171.34	$FeCl_2$	126.75	$Hg_2(NO_3)_2 \cdot 2H_2O$	561.22
$BaSO_4$	233.29	$FeCl_2 \cdot 4H_2O$	198.81	$Hg(NO_3)_2$	324.60
$BiCl_3$	315.34	$FeCl_3$	162.21	HgO	216.59
BiOCl	260.43	$FeCl_3 \cdot 6H_2O$	270.30	HgS	232.65
CO_2	44.01	$FeNH_4(SO_4)_2 \cdot 12H_2O$	482.18	$HgSO_4$	296.65
CaO	56.08	$Fe(NO_3)_3$	241.86	Hg_2SO_4	497.24

（续）

化合物	相对摩尔质量	化合物	相对摩尔质量	化合物	相对摩尔质量
$CaCO_3$	100.09	$Fe(NO_3)_3 \cdot 9H_2O$	404.00	$KAl(SO_4)_2 \cdot 12H_2O$	474.38
CaC_2O_4	128.10	FeO	71.846	KBr	119.00
$CaCl_2$	110.99	Fe_2O_3	159.69	$KBrO_3$	167.00
$CaCl_2 \cdot 6H_2O$	219.08	Fe_3O_4	231.54	KCl	74.551
$Ca(NO_3) \cdot 4H_2O$	236.15	$Fe(OH)_3$	106.87	$KClO_3$	122.55
$Ca(OH)_2$	74.09	FeS	87.91	$KClO_4$	138.55
$Ca(PO_4)_2$	310.18	Fe_2S_3	207.87	KCN	65.116
$CaSO_4$	136.14	$FeSO_4$	151.90	$KSCN$	97.18
$CdCO_3$	172.42	$FeSO_4 \cdot 7H_2O$	278.01	K_2CO_3	138.21
$CdCl_2$	183.32	$FeSO_4(NH_4)_2SO_4 \cdot 6H_2O$	392.13	K_2CrO_4	194.19
CdS	144.47	H_3AsO_3	125.94	$K_2Cr_2O_7$	294.18
$Ce(SO_4)_2$	332.24	H_3AsO_4	141.94	$K_3Fe(CN)_6$	329.25
$K_4Fe(CN)_6$	368.35	NH_4CO_3	79.055	$PbCl_2$	278.10
$KFe(SO_4)_2 \cdot 12H_2O$	503.24	$(NH_4)_2MoO_4$	196.01	$PbCrO_4$	323.20
$KHC_2O_4 \cdot H_2O$	146.14	NH_4NO_3	80.043	$Pb(CH_3COO)_2$	325.30
$KHC_2O_4 \cdot H_2C_2O_4 \cdot 2H_2O$	254.19	$(NH_4)_2HPO_4$	132.06	$Pb(CH_3COO)_2 \cdot 3H_2O$	379.30
$KHC_4H_4O_6$	188.18	$(NH_4)_2S$	68.14	PbI_2	461.00
$KHSO_4$	136.16	$(NH_4)_2SO_4$	132.06	$Pb(NO_3)_2$	331.20
KI	166.00	NH_4VO_3	116.98	PbO	223.20
KIO_3	214.00	Na_3AsO_3	191.89	PbO_2	239.20
$KIO_3 \cdot HIO_3$	389.91	NaB_4O_7	201.22	$Pb_3(PO_4)_2$	811.54
$KMnO_4$	158.03	$NaB_4O_7 \cdot 10H_2O$	381.37	PbS	239.30
$KNaC_4H_4O_6 \cdot 4H_2O$	282.22	$NaBiO_3$	297.97	$PbSO_4$	303.30
KNO_3	101.10	$NaCN$	49.007	SO_3	80.06
KNO_2	85.104	$NaSCN$	81.07	SO_2	64.06
K_2O	94.196	Na_2CO_3	105.99	$SbCl_3$	228.11
KOH	56.106	$Na_2CO_3 \cdot 10H_2O$	286.09	$SbCl_5$	299.02
K_2SO_4	174.25	NaC_2O_4	134.00	Sb_2O_3	291.50
$MgCO_3$	84.314	CH_3COONa	82.034	SiF_4	104.08
$MgCl_2$	95.211	$CH_3COONa \cdot 3H_2O$	136.08	SiO_2	60.084
$MgCl_2 \cdot 6H_2O$	203.30	$NaCl$	58.443	$SnCl_2$	189.62

（续）

化合物	相对摩尔质量	化合物	相对摩尔质量	化合物	相对摩尔质量
MgC_2O_4	112.33	NaClO	74.442	$SnCl_2 \cdot 2H_2O$	225.65
$Mg(NO_3)_2 \cdot 6H_2O$	256.41	$NaHCO_3$	84.007	$SnCl_4$	260.52
$MgNH_4PO_4$	137.32	$Na_2HPO_4 \cdot 12H_2O$	358.14	$SnCl_4 \cdot 5H_2O$	350.596
MgO	40.304	$Na_2H_2Y \cdot 2H_2O$	372.24	SnO_2	150.71
$Mg(OH)_2$	58.32	$NaNO_2$	68.995	SnS	150.776
$Mg_2P_2O_7$	222.55	$NaNO_3$	84.995	$SrCO_3$	147.63
$MgSO_4 \cdot 7H_2O$	246.47	Na_2O	61.979	SrC_2O_4	175.64
$MnCO_3$	114.95	Na_2O_2	77.978	$SrCrO_4$	203.61
$MnCl_2 \cdot 4H_2O$	197.91	NaOH	39.997	$Sr(NO_3)_2$	211.63
$Mn(NO_3)_2 \cdot 6H_2O$	287.04	Na_3PO_4	163.94	$Sr(NO_3)_2 \cdot 4H_2O$	283.69
MnO	70.937	Na_2S	78.04	$SrSO_4$	183.68
MnO_2	86.937	$Na_2S \cdot 9H_2O$	240.18	$UO_2(CH_3COO)_2 \cdot 2H_2O$	424.15
MnS	87.00	Na_2SO_3	126.04	$ZnCO_3$	125.39
$MnSO_4$	151.00	Na_2SO_4	142.04	ZnC_2O_4	153.40
$MnSO_4 \cdot 4H_2O$	223.06	$Na_2S_2O_3$	158.10	$ZnCl_2$	136.29
NO	30.006	$Na_2S_2O_3 \cdot 5H_2O$	248.17	$Zn(CH_3COO)_2$	183.47
NO_2	46.006	$NiCl_2 \cdot 6H_2O$	237.69	$Zn(CH_3COO)_2 \cdot 2H_2O$	219.50
NH_3	17.03	NiO	74.69	$Zn(NO_3)_2$	189.39
CH_3COONH_4	77.083	$Ni(NO_3)_2 \cdot 6H_2O$	290.79	$Zn(NO_3)_2 \cdot 6H_2O$	297.48
NH_4Cl	53.491	NiS	90.75	ZnO	81.38
$(NH_4)_2CO_3$	96.086	$NiSO_4 \cdot 7H_2O$	280.85	ZnS	97.44
$(NH_4)_2C_2O_4$	124.10	P_2O_5	141.94	$ZnSO_4$	161.44
$(NH_4)_2C_2O_4 \cdot H_2O$	142.11	$PbCO_3$	267.20	$ZnSO_4 \cdot 7H_2O$	287.54
NH_4SCN	76.12	PbC_2O_4	295.22	$KHC_8H_4O_4$	204.2

附录二　物质分析方案的综合设计及其示例

一、设计实验的目的和意义

实验教学体系分“基础训练→综合实验→设计性实验”3个层次。通过基础训练实验教学，使学生掌握分析化学实验基本理论、典型的分析方法和基本操作技能，并能够正确地使用仪器设备，正确地采集、记录、处理实验数据和表达实验结果，学会分析化学实验的基本方法，养成良好的科学研究习惯；通过综合实验，针对复杂的样品，需将各个单一的分析内容联系起来，灵活运用学过的知识使技能得到巩固、充实与提高，进一步培养学生综合运用知识技能、分析问题和解决问题的能力，提高分析判断、逻辑推理、得出结论的能力，以此掌握化学研究的一般方法；在完成基础性、综合性实验的基础上，为了激发学生自主学习的积极性和探索、开创精神，更进一步地培养学生创新思维的能力、独立解决实际问题的能力及组织管理能力，安排一些研究设计性实验，进行科学研究的初步训练。

综合设计实验的目的就是在于培养学生独立思考、独立操作、独立解决实际问题的能力。整个实验过程遵循学生为主、教师为辅的原则，由教师提出实验的方向、目的和要求，学生从选题、查阅资料、方案制订、实际操作、实验记录、数据处理等都独立完成，教师最终给予评价。

二、实施步骤

综合设计性实验是指给定实验目的和要求及实验条件，由学生自行设计实验方案并加以实现的实验。通常可分为5个阶段。

1. 选题

教师给学生提供课题或由学生自行命题。自行命题时须注意选题不宜太大，应结合已掌握知识技能及实验室条件，在教师指导下选择1~3天内可能完成的实验题目。可以选择针对某分析任务、分析方法的建立或改进，或利用已建立的方法对某实际样品体系的分析检验。同时应注意鼓励学生对实验条件进行探索性的研究，如试样的处理、反应介质、酸度、温度、共存组分的干扰和消除、试剂的用量和指示剂的选择等，从而确定实验的最优条件。

2. 文献资料查阅及综述

根据实验的目的及要求，通过查阅手册、工具书、文摘、期刊、因特网及其他信息源进行信息检索，然后再根据得到的信息，研究课题的相关文献，对相关课题的研究现状进行全面系统的调研、总结，写出综述。最后在此基础上拟定自己的研究目标。

3. 实验方案的制订

研究目标确定后，结合实验室条件，独立设计制订切实可行的实验方案。方案的内容包括分析方法及简要原理、所用的仪器和试剂(包含所用试剂的配制)、具体实验步骤(试样的处理和初步测定、标准溶液的配制和标定、条件实验的研究、待测组分的测定)，实验结果的计算公式及参考资料等。

需要注意的是：分析方法的选择至关重要，选择时应综合考虑以下几个因素：

(1)对测定的要求：在成品的常量组分、标准试样和基准物质含量的测定、结果等方面准确度是主要的；在微量组分的测定中灵敏度是主要的；在生产过程中进行控制分析时，测定的速度是主要的。即实验中应根据测定的具体要求选择合适的方法。

(2)待测组分的性质：在酸碱性、氧化还原性、配位性能、沉淀性能等方面，通常根据其性能确定选择合适的滴定分析方法。

(3)待测组分的含量：根据各种待测组分的不同含量，选择不同的实验方法。常量组分通常采用滴定分析法和重量分析法；微量组分采用光度法或其他仪器分析方法。

(4)共存组分干扰和消除。

总之，在保证分析结果准确度的前提下，选择简便、快速、经济、环保的分析方法。

4. 实验研究

在研究过程中，学生应独立完成所有的实验，包括实验的准备、初步实验、正式实验。

准备实验：实验所用试剂、仪器、设备的准备等，此阶段的工作关乎着整个实验是否能顺利进行，因此，应予以足够的重视。

初步实验：对于某些待测组分，当进行试样的大致含量不十分清楚的测定工作时，须首先进行初步测定，以确定实验的取样量、标准溶液的浓度、滴定管的体积等。

正式实验：在实验过程中，必须以严谨的科学态度进行各项工作，做好实验数据的记录，同时还要充分发挥观察力、想象力和逻辑思维判断力，对整个实验中出现的各种现象、数据进行分析与评价。如发现原实验方案有不完善的地方，应予以改进和完善。

5. 论文的写作

实验结束后，需按实验的实际做法，根据实验记录进行整理，对所设计的实验方案和实验结果进行评价，并对实验中的现象和问题进行讨论，总结归纳实验规律，以小篇幅的论文形式完成实验报告。报告内容大致包括以下几个方面：

(1)实验题目。

(2)概述(实验相关的研究概述，方法要点，注明出处，最后列出参考文献)。

(3)拟定方法的原理。

(4)仪器与试剂。

(5)实验步骤(标定、测定及其他试验步骤)。

(6)数据记录和结果(写出有关计算公式)。

(7)实验讨论。

(8)参考文献。

6. 成绩评定

论文提交后，可在学生中进行讨论交流，最后指导老师结合学生实验过程中的表现给出成绩评定。

三、一个物质分析方案的综合设计

常常要考虑以下几个主要问题：

1. 样品的采集

分析样品应具有代表性。对固体矿样的采样可按照地质部门的规定进行；水样、大气样品的采集，应按照环境分析标准进行操作。必要时，需查阅有关资料。

2. 试样分析

分解试样的方法，通常有水溶、酸溶和熔融等方法，实验时应根据样品的对象和分析方法进行溶剂选择。

通常在基础分析化学的综合设计中，一般不考虑熔融法溶解试样。而是依据样品的理化参数确定试样溶解于下面的哪一种试剂中，必要时可加热：①水；②4 $mol \cdot L^{-1}$ HCl；③4 $mol \cdot L^{-1}$ HNO_3；④浓 HCl、浓 HNO_3和王水等。

无机盐类化合物，可用水溶解，但应注意溶解过程中离子的水解和生成碱式盐沉淀等各种问题(如 BiOCl、SbOCl 等)。

稀 HCl、稀 HNO_3能溶解很多试样。但当有与稀酸难以反应的物质时，可使用浓酸溶解。对于 HNO_3的溶解，由于 HNO_3具有氧化性，因此，必须注意许多可变价离子的变价可能。例如一种黄铜合金，其中含有 Cu、Pb、Zn 等元素，欲做全分析时，则不能用 H_2SO_4做溶剂进行溶解，因此时 Pb 会与 H_2SO_4形成 $PbSO_4$的沉淀。而另一种青铜合金，其中含有金属 Sn，故不能单独用 HNO_3做溶剂分解试样，因此时金属 Sn 与 HNO_3可产生 H_2SnO_3沉淀。另有许多矿样，往往需用熔融法才能将其溶解完全。

3. 试样的成分分析

未知成分的试样分析时，应使用定性的方法进行鉴定，定性分析主要有硫化氢系统分析和发射光谱法两种分析方法。

4. 分析方法的选择

对于分析工作来说，选择好的分析方法是很复杂的问题。例如，从分析对象看，应考虑试样是无机化合物还是有机化合物；从要求分析的组分看，存在重量分析和全分析的问题；从所测组分的含量看，有常量分析和微量分析的问题，具体实验中又需要决定是选用哪种适合常量分析的滴定分析法、质量分析法，或选用哪种微量分析法(如分光光度法等)。此外，现代分析中，还有状态分析、表面分析和微区分析等问题。

在综合性设计实验中，同样存在着许多问题要综合考虑，也同样适合其他三大滴定分析的方案设计。实验中也都必须注意浓度、温度、酸度和干扰物质的影响等。

在配位滴定分析中，能否控制酸度进行滴定是首先要考虑的问题；掩蔽剂的选择和应用是配位滴定成功的关键，至于掩蔽方法，存在着配位法、氧化还原法、沉淀法和动力学等方法；而在滴定过程中，指示剂的选择又是至关重要的，其中要特别注意金属离子指示剂的酸碱性质和配位性质所造成的滴定误差。例如，Bi^{3+}-Fe^{3+}混和体系，它们的 K_a 值相近，不能直接用控制酸度滴定法滴定，可用氧化还原掩蔽法，将 Fe^{3+} 还原为 Fe^{2+}，然后在控制好的酸度下进行分别滴定。

再如，Ca^{2+}-EDTA 混和液的滴定。可利用溶液在 pH = 10 时，Ca^{2+} 与 EDTA 可定量配合，而在 pH = 4～5 时，Ca^{2+} 可从 CaY 中完全游离出来的原理，用 Zn^{2+} 标液和 EDTA 标液在不同酸度下滴定的方法分别测定它们的含量。

在氧化还原滴定法中，有 $KMnO_4$ 法、$K_2Cr_2O_7$ 法及碘量法，其中碘量法是十分重要且可灵活运用的方法。例如，KIO_3-KI 混和试液的测定，从以下 3 个方面考虑，则很容易分别测定：①在 0.2 mol·L^{-1} H_2SO_4 介质中，可反应析出 I_2，然后用 $Na_2S_2O_3$ 标液测得 I_2 析出的含量；②在酸性介质中加入 KIO_3 或 KI，由析出 I_2 的量可求出 KI 或 KIO_3 的含量；③由差减法求出另一物质的含量。

沉淀滴定法中，当运用不同的方法，控制滴定条件，测定通常都很容易完成。

在分析设计方案中，往往同一种成分的测定，可以选用不同的滴定方法进行测定。例如，常量的 Fe^{3+} 可用配位滴定法，也可用氧化还原滴定法测定。

但必须指出，设计分析方案时，滴定剂的浓度和被测物取样量通常都要考虑的是：酸碱滴定法、氧化还原滴定法和沉淀滴定法，一般可以按 0.1 mol·L^{-1}浓度来设计和取量，而配位滴定法的滴定，通常以 0.01 mol·L^{-1}浓度考虑取样。

5. 分析方案设计要求

设计方案通常要求具体、详细，包括设计原理的论述、使用的试剂和仪器、实验操作步骤、分析结果计算和讨论等。同时还要求学生仔细查阅资料，然后按实验所提出的要求去写出实验报告，最终交给实验指导老师审阅。

四、设计实验参考选题

下面是分析化学中各种滴定分析的分析设计方案的典型示例，仅供参考。

(1) $NaOH$-Na_3PO_4 混和碱中各组分含量的测定。

(2) NH_3-NH_4Cl 混和液中各组分浓度的测定。

(3) Na_2HPO_4-NaH_2PO_4 混和液中各组分浓度的测定。

(4) HCl-H_3BO_4 混和液中各组分浓度的测定。

(5) 福尔马林中甲醛含量的测定。

(6) Zn^{2+}-EDTA 混和液各组分含量的测定。

(7) Zn^{2+}-Ca^{2+} 混和液各组分含量的测定。

(8) Fe^{2+}-Al^{3+} 混和液各组分含量的测定（注意：Al^{3+} 应考虑用返滴定法或置换滴定法测定）。

(9) Al^{3+}-Pb^{2+} 溶液中双组分浓度的测定。

(10) 复方氢氧化铝药片中铝和镁的测定。

(11)保险丝中铅含量的测定。
(12)海产品中钙、镁、铁含量的测定。
(13)石灰石或白云石中 CaO 及 MgO 含量的测定。
(14)铜、锡、镍合金溶液中的铜、锡、镍连续测定。
(15)KIO_3-KI 混和试液中各组分含量的测定。
(16)钢铁试样中 Cr-Mn 含量的测定。
(17)钢铁试样中 Cr-V 含量的测定。
(18)漂白粉中有效氯含量的测定。
(19)含 NaCl 杂质的 $FeCl_3$试样中 Fe、Cl^-含量的测定。
(20)NaCl-Na_2SO_4混和液中 SO_4^{2-}、Cl^-含量的测定。
(21)HCl-$FeCl_3$混和液中 HCl-Fe^{3+}含量的测定。
(22)HCl-NaCl-$MgCl_2$溶液中个组分浓度的测定。
(23)硅酸盐水泥中含量的测定。
(24)菠菜、洋葱、竹笋等蔬菜中草酸、铁含量的测定。
(25)油菜、香菜等蔬菜中钙、镁、铁含量的测定。
(26)蓖麻油碘价的测定。
(27)食用植物油酸价、过氧化值测定。
(28)果汁中防腐剂苯甲酸的测定。
(29)水产品及水发食品中残留甲醛的检验。
(30)苹果中果胶的测定。
(31)酿造酱油中氨基酸态氮的测定。
(32)酱油质量检验。
(33)松花蛋 pH 值、游离酸度、总酸度、挥发性盐基氮、铅的测定。
(34)北京市饮用水源或自来水水质分析。

课　件

实验 1　实验 2　实验 3　实验 4

实验 5　实验 6　实验 7　实验 8

实验 9　实验 10　实验 11　实验 12

实验 13　实验 14　实验 15　实验 16

实验 17　实验 18　实验 19　实验 20

实验 21 实验 22 实验 23 实验 24

实验 25 实验 26 实验 27 实验 28

实验 29 实验 30 实验 31 实验 32

实验 33 实验 34 实验 35 实验 36

实验 37 实验 38 实验 39 实验 40

实验 41 实验 42